Début d'une série de documents
en couleur

# LE BEAU

## ET

# LES BEAUX-ARTS

*NOTIONS D'ESTHÉTIQUE*

EN RÉPONSE AU DERNIER PROGRAMME DE PHILOSOPHIE

PAR

LE P. CH. CLAIR

*De la Compagnie de Jésus, Professeur de Philosophie*

> Omnium artium usos in colendo Deo
> potissimum elucere debet.
>
> (LEIBNITZ, Systema theol.)

LIBRAIRIE H. OUDIN, ÉDITEUR

PARIS                          POITIERS

51, RUE BONAPARTE, 51          4, RUE DE L'ÉPERON, 4

1882

## DU MÊME AUTEUR

PIERRE OLIVAINT, prêtre de la Compagnie de Jésus, 5ᵉ édition (*Paris*, Palmé).

CONSEILS DU R. P. OLIVAINT aux jeunes gens, 7ᵉ édition (*Paris*, Palmé).

LE R. P. MILLERIOT, de la Compagnie de Jésus, 11ᵉ édition (*Paris*, Palmé).

ANDRÉ HOFER et l'insurrection du Tyrol en 1809, 3ᵉ édition (*Paris*, Palmé).

LE LIVRE D'HEURES DES JEUNES GENS (*Paris*, Palmé).

LA VIE DE NOTRE-DAME, d'après saint François de Sales, 2ᵉ édition (*Paris*, Palmé).

LES HYMNES DE L'ÉGLISE, trad. en vers de même rythme (*Paris*, Palmé).

LE DIES IRÆ, histoire, traduction en vers, commentaire, avec illustrations (*Paris*, Féchoz-Letouzey).

POITIERS. — IMPRIMERIE OUDIN

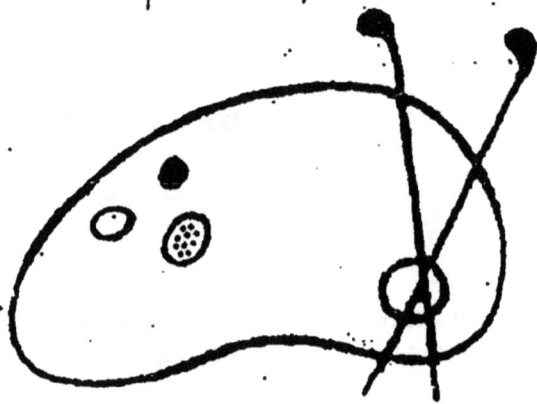

Fin d'une série de documents
en couleur

# LE BEAU

## ET

# LES BEAUX-ARTS

POITIERS. — IMPRIMERIE OUDIN.

# LE BEAU

## ET

# LES BEAUX-ARTS

---

## NOTIONS D'ESTHÉTIQUE

EN RÉPONSE AU DERNIER PROGRAMME DE PHILOSOPHIE

PAR

Le P. Ch. CLAIR

*De la Compagnie de Jésus, Professeur de Philosophie*

Omnium artium usus in colendo Deo
potissimum elucere debet.

(Leibnitz, Systema theol.)

---

## LIBRAIRIE H. OUDIN, ÉDITEUR

| PARIS | POITIERS |
| --- | --- |
| 51, RUE BONAPARTE, 51 | 4, RUE DE L'ÉPERON, 4 |

1882

*Nous avons essayé de résumer en quelques pages, avec précision et clarté, les principes de la difficile science du Beau.*

*Les jeunes gens qui étudient la philosophie en vue d'un examen à subir trouveront ici, pour satisfaire au dernier programme (1), ce qu'ils chercheraient en vain dans la plupart des Manuels.*

*Peut-être cet opuscule offrira-t-il aussi quelques renseignements utiles à ceux qui s'intéressent, pour elles-mêmes, aux grandes questions d'art et de philosophie.*

(1) Le programme obligatoire à partir de la session de juillet-août 1882 porte : « *Notions d'Esthétique : le Beau.— L'art. — Des principes et des conditions des beaux-arts. — L'expression, l'imitation, la fiction et l'idéal.* »

# TABLE SYNOPTIQUE

# LE BEAU & LES BEAUX-ARTS

On appelle *Esthétique* tout ce qui a le beau pour objet, et *Science esthétique* la science du Beau et la philosophie des Beaux-Arts.

Kant, dans sa *Critique de la raison pure*, se sert de ce mot suivant son sens étymologique (αἴσθησις, sensation) pour désigner l'étude de la sensibilité : mais l'usage a prévalu de lui donner la signification moins conforme à l'étymologie que nous avons indiquée.

L'Esthétique traite : 1º du Beau en général, 2º de l'Art et des Beaux-Arts (1).

(1) Nous rejetons dans une troisième partie les citations et les notes dont la longueur retarderait la rapidité de ce court exposé.

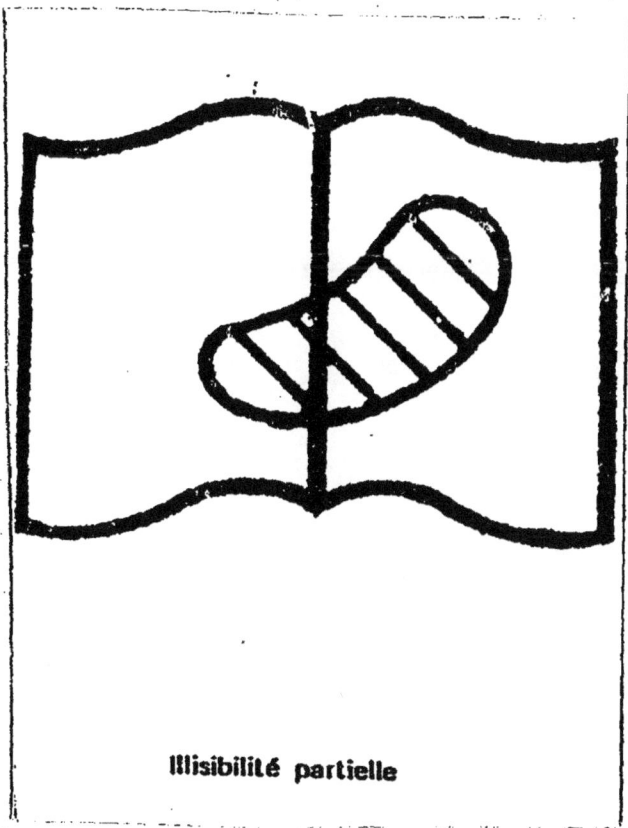

Illisibilité partielle

# PREMIÈRE PARTIE

## DU BEAU EN GÉNÉRAL

---

### ARTICLE PREMIER.

#### *DIVERS SYSTÈMES TOUCHANT LA NATURE DU BEAU.*

Parmi les systèmes inventés pour expliquer la nature du Beau, il en est d'erronés, il en est d'incomplets.

### § Iᵉʳ. — SYSTÈMES ERRONÉS.

Nous rangeons dans cette première catégorie les systèmes de l'Utile et de l'Agréable, — de la Nouveauté et de l'Habitude, — de la Grandeur et de l'Exagération, — de l'Imitation et de l'Illusion.

#### I. — SYSTÈME DE L'UTILE ET DE L'AGRÉABLE.

L'Utile est ce qui tourne à notre intérêt; l'Agréable est ce qui nous procure un plaisir sensible.

A. *Le Beau n'est pas l'Utile.* — En effet :

1. Il est des objets très utiles qui ne sont pas beaux.

2. Il est des objets très beaux qui ne sont pas utiles.

3. On déclare beau un objet sans connaître son utilité et sans même s'en enquérir.

4. Les hommes qui s'entendent le mieux aux choses utiles, loin de mieux juger du Beau, manquent le plus souvent de sens esthétique.

5. Bien plus, pour jouir du Beau, il faut faire abstraction de l'Utile. Ces deux sentiments se contrarient. Le laboureur et l'artiste considèrent la même campagne à un point de vue tout différent (1).

B. *Le Beau n'est pas l'Agréable.* — En effet :

1. L'impression sensible, agréable ou désagréable, est subjective et relative : le Beau est quelque chose d'objectif et d'absolu (2).

2. Nous attribuons une même beauté à des objets qui produisent sur les sens une impression toute différente.

3. Il est des choses que nous jugeons belles et

(1) Voyez 3ᵉ partie, note A.
(2) Voir plus loin, 1ʳᵉ partie, art. II, § 1ᵉʳ.

qui sont loin d'être agréables, par exemple, mourir pour son pays :

Pulchrum ac decorum pro patria mori.

4. Le Beau n'est pas beau parce qu'il est agréable ; mais il est agréable parce qu'il est le Beau. Encore faut-il remarquer que le plaisir qu'il fait éprouver n'a rien de commun avec la jouissance purement sensible, tel que le plaisir de boire ou de manger.

5. Si le Beau n'était que l'agréable, il ne serait pas *perçu* par l'entendement, mais seulement *éprouvé* par les sens. Or, en présence d'un objet doué de beauté, à la suite de l'impression sensible qu'il cause, nous avons l'idée de l'excellence de cet objet, nous portons un jugement par lequel nous déclarons qu'il est beau, et nous sommes émus par un sentiment d'admiration et d'amour qui nous porte vers lui. Il y a donc dans le Beau autre chose que l'agréable (1).

II. — SYSTÈME DE LA NOUVEAUTÉ ET DE L'HABITUDE.

A. *La Beauté ne consiste pas dans la Nouveauté.* — En effet :

1. Tout ce qui est nouveau n'est pas beau.
2. Tout ce qui est beau n'est pas nouveau.

(1) V. 3ᵉ partie, note B.

3. La Beauté est quelque chose d'absolu : la Nouveauté quelque chose de relatif; elle n'est qu'une relation purement extrinsèque. Par exemple, la nouveauté pour tel Parisien sera la vue de l'Océan ou le lever du soleil.

B. *La Beauté ne provient pas de l'Habitude*, en ce sens qu'on trouve beaux, par une association d'idées et d'impressions, les objets qu'on a coutume de voir. En effet :

1. Tout ce qui est connu depuis longtemps n'est pas beau.

2. Tout ce qui est beau n'est pas nécessairement connu depuis longtemps.

3. La Beauté est quelque chose d'absolu, l'Habitude quelque chose de relatif.

*Remarque*. — La Nouveauté place l'âme dans un état où elle n'était pas auparavant, et par suite l'émeut plus vivement.

L'Habitude, au contraire, émousse les impressions.

Par conséquent, la Nouveauté et l'Habitude nous plaisent et nous déplaisent suivant la nature de l'objet et la disposition du sujet. Si l'objet est agréable, le plaisir est atténué par l'habitude, avivé par la nouveauté: si l'objet est désagréable, il le devient moins avec le temps.

D'autre part, l'Habitude plaît aux esprits paisibles, tels que les vieillards ; la Nouveauté aux esprits amis du changement, tels que les jeunes gens.

L'adage : *Tout nouveau, tout beau,* ne contredit pas notre thèse. Il a un fonds de vérité en ce sens que, lorsque nous voyons un objet pour la première fois, il arrive souvent que nous n'en apercevons que les qualités. Plus tard, nous en remarquons les côtés défectueux ou vulgaires : en perdant la nouveauté, il perd pour nous sa beauté. Et cette beauté n'était qu'apparente; c'est nous qui la mettions dans cet objet où elle n'était réellement pas.

Il en est de même pour l'habitude. A force d'avoir une même chose sous les yeux, les défectuosités en deviennent *pour nous* moins choquantes. Nous y découvrirons même à la longue le bon côté qui d'abord nous avait échappé. Mais c'est là un phénomène tout subjectif qui ne change rien à la nature de l'objet.

III. — SYSTÈME DE LA GRANDEUR ET DE L'EXAGÉRATION (1).

D'après ce système, le beau serait tout ce

(1) Aristote, dans sa *Morale* (liv. IV, ch. 7) et dans sa *Politique* (VII, 4), fait consister le Beau dans la Grandeur ;

qui excède les forces ordinaires de la nature physique ou morale.

*Le Grand, à plus forte raison l'Excessif, ne constitue pas le Beau.* En effet :

1. De deux choses, la plus grande n'est pas nécessairement la plus belle.

2. Suivant cette théorie, le laid deviendrait beau à mesure qu'il deviendrait de plus en plus laid.

3. Ce qui est laid en soi, comme le vol, ne saurait être beau en s'exagérant même outre mesure.

4. Dira-t-on qu'un monstre, tel que Néron, a la beauté d'un héros et d'un saint, parce que ses forfaits surpassent toute proportion ?

5. Ce système renverse toutes les lois de la morale. On doit dire du bien comme du vrai :

Rien n'est beau que *le Bien, le Bien* seul est aimable.

6. Raison *à priori* : La grandeur en général ajoute à la beauté d'un objet; mais à elle seule elle ne la constitue pas, car elle n'en change pas

---

mais ailleurs à la Grandeur il ajoute l'Ordre : τὸ γὰρ καλὸν ἐν μεγέθει καὶ τάξει ἐστι. (*Poétique*, c. VII.)

L'école romantique confond souvent le Beau avec l'excessif. (Voir Victor Hugo.)

la nature ; or la beauté est dans la nature même des choses.

*Remarque* — *a.*) Les qualités éminentes, la force, l'habileté, déployées dans l'exécution d'un crime atroce, ne doivent pas être confondues avec le crime lui-même : elles peuvent être admirées, comme belles, sans que le crime paraisse beau.

*b.*) La représentation d'un crime par la peinture ou la poésie peut être belle, en tant que représentation fidèle et manifestation du talent de l'artiste et du poète.

IV. — SYSTÈME DE L'IMITATION ET DE L'ILLUSION.

A. *Il faut distinguer la Beauté de l'Imitation* (1). En effet :

1. Il y a des choses belles en dehors des imitations de l'art.

2. La beauté de l'œuvre d'art ne consiste pas principalement dans l'imitation de la réalité; même dans les œuvres d'imitation, il y a une beauté qui n'est pas l'imitation même.

B. *Il faut reconnaître quelque beauté dans l'imitation.* En effet, les objets les plus vulgaires,

_____

(1) Voir plus loin, 11ᵉ partie, art. 1ᵉʳ, § III, nᵒ 2.

1*

ou même les plus repoussants, nous plaisent, s'ils sont exactement représentés.

> Il n'est pas de serpent ni de monstre odieux
> Qui, par l'art imité, ne puisse plaire aux yeux.

**C.** *Ce qui nous charme dans l'Imitation, ce n'est point l'illusion.* En effet, quelque parfaite que soit l'imitation de la nature, elle ne va jamais jusqu'à nous tromper longtemps. Aussi bien, nous n'admirerions pas le plus souvent l'objet imité ; si la copie nous paraît belle, ce n'est point que nous nous imaginions voir l'original, mais parce que nous découvrons l'intelligence de l'artiste dans la difficulté vaincue, et peut-être aussi une idée, un sentiment symbolisés par sa peinture.

### § II. — SYSTÈMES INCOMPLETS.

Dans cette seconde catégorie trouvent place les systèmes de l'Ordre et de la Proportion, — de l'Unité et de la Variété.

#### I. — SYSTÈME DE L'ORDRE ET DE LA PROPORTION.

L'Ordre et la Proportion sont une des conditions, ou, si l'on veut, un des éléments de la Beauté, mais ils n'en constituent pas à eux seuls l'essence. En effet :

1. Considérée en elle-même, toute combinaison des parties, toute symétrie est indifférente au point de vue esthétique.

2. Nous jugeons du beau sans savoir quelle proportion l'objet doit avoir.

3. Le Beau est absolu, tandis que l'ordre est divers suivant les choses auxquelles on l'applique.

4. La Beauté ne consiste pas même dans l'ordre considéré comme conformité des parties de l'être à sa fin; car il s'en suivrait que tous les objets auraient une même beauté.

D'ailleurs, nous apprécions la beauté d'un objet sans nous préoccuper de sa fin, ce qui serait considérer son utilité (1).

Et puis, que d'objets fort bien adaptés à leur fin et qui pourtant ne sont pas beaux !

*Remarque.* — La Beauté qui se manifeste à nous dans l'Ordre, c'est celle de l'intelligence ordinatrice qui s'y révèle.

## II. — SYSTÈME DE L'UNITÉ ET DE LA VARIÉTÉ.

D'après saint Augustin, l'Unité constitue la forme et l'essence du Beau en tout genre de beauté :

(1) Ainsi compris, ce système revient à celui de l'utile ; il confond la beauté d'un objet avec sa destination.

*Omnis porro pulchritudinis forma unitas est* (1).

Plusieurs ajoutent à l'Unité la Variété et font de l'une et de l'autre les deux éléments constitutifs du Beau (2). *L'Unité et la Variété sont les conditions du Beau, mais elles n'en sont pas les principes.*

1. Il y a des objets très uns et très variés, qui nous paraissent laids, tandis que d'autres, sans beaucoup d'unité, sans beaucoup de variété, produisent sur nous l'effet du beau.

2. Toutefois, dans un objet beau, l'esprit cherche l'unité comme dans tout autre objet, et il n'en goûte la beauté qu'après y avoir trouvé l'unité. Ainsi, *la condition* pour qu'un objet beau produise son effet, c'est qu'il soit un.

3. D'autre part, ce n'est pas la variété, c'est la beauté qui plaît ; seulement la variété fait que la beauté nous plaît plus longtemps sans nous lasser : elle prolonge le plaisir que l'objet beau nous cause.

La variété et l'unité sont en définitive les moyens

---

(1) Epist. 18.

(2) Le P. André, suivi par V. Cousin. Celui-ci, après avoir distingué trois sortes de beau : le beau physique, le beau intellectuel et le beau moral, ajoute que ces trois sortes de beau se résolvent, en dernière analyse, dans une seule et même beauté, *la beauté morale.*

qui font sentir le beau ; ce ne sont pas les éléments essentiels qui le constituent (1).

*Remarque.* — Le système de l'Unité et de la Variété est au fond le même que le système de l'Ordre et de la Proportion : variété des parties dans l'unité du tout ; variété des moyens en vue de l'unité de la fin.

---

## ARTICLE II.

### *VRAIE NOTION DU BEAU.*

Pour arriver à la vraie notion du Beau, il faut l'étudier dans *son principe* et dans *ses manifestations.*

### § I. — PRINCIPE DU BEAU.

I. Le Vrai, le Bien et le Beau sont au fond identiques, c'est-à-dire qu'on peut considérer tout être sous ce triple rapport (2).

---

(1) Théodore Jouffroy, *Cours d'esthétique*, leçon xiiie.

(2) *Ens, verum et bonum convertuntur et sunt idem re, licet ratione differant.— Pulchrum idem est bono, sola ratione differens.* (Saint Thomas, *Summa theol.*, 1, 2 ; q. 27, a. 1.)

Le Vrai est l'être en tant qu'intelligible. Le Bien est l'être en tant qu'aimable. Le Beau est l'être intelligible, aimable, avec un degré d'excellence qui le rend admirable.

Le Beau doit être vrai ; car s'il n'était pas vrai, il ne serait pas perçu par l'intelligence. — Néanmoins il n'est pas seulement le vrai , car tout objet vrai n'est pas beau.

Le Beau doit être bon ; car s'il n'était pas bon, il n'attirerait pas la volonté : il ne serait pas aimable. — Néanmoins il n'est pas seulement le bon ; car tout objet bon n'est pas beau. Le Beau est donc le Vrai et le Bien dans un degré de perfection et d'éclat qui ravit l'esprit, le cœur, l'homme tout entier. *Il est le Vrai et le Bien dans leur splendeur* , il est LA SPLENDEUR DU VRAI ET DU BIEN (1).

II. Puisque le Beau est, en dernière analyse, identique au Vrai et au Bien, il suit que le souverain Être, étant la Vérité et la Bonté par essence,

----

(1) *Le beau est la splendeur du vrai.* — Cette définition fort ancienne est attribuée à Platon et à Plotin ; elle ne se trouve pas dans leurs ouvrages. On prétend, mais également à tort, que saint Augustin l'a complétée ainsi : *Bonum est splendor veri et candor boni.* Ce qui est certain, c'est que cette définition rend bien la pensée générale de ces grands philosophes.

est au même titre la Beauté parfaite, le Beau même : αὐτὸ τὸ καλόν, dit Platon.

Dieu est donc la beauté première : πρῶτον καλόν, suivant ce même philosophe, la Beauté absolue, totale, suréminente, παγκαλὸν ἅμα καὶ ὑπέρκαλον (1).

III. A proprement parler, la Beauté n'appartient pas plus aux choses créées que la Vérité et la Bonté; ce qu'elles en ont leur est communiqué par celui qui en possède la plénitude : elles sont moins belles qu'embellies (2).

Toutefois, de même que l'être fini, malgré son imperfection, est une réalité, ainsi la beauté des créatures est véritable, tout en étant *relative.*

Elle est relative, à cause de son rapport nécessaire avec le Beau absolu, qui est Dieu : une chose créée n'est belle que comme image de la Beauté incréée ; elle est d'autant plus belle qu'elle lui ressemble davantage. Elle ne doit donc pas être aimée, admirée pour elle-même, mais pour celui qu'elle exprime et rappelle (3).

(1) Saint Denis, *Des noms divins,* c. IV, § 7.

(2) *Deus dicitur pulcher sicut universorum consonantiæ et claritatis causa* (ibid.). — On peut dire de la beauté ce que saint Augustin dit de la bonté : *Deus est omnis boni bonum.* (*De Trinitate,* III.)

(3) *Pulchritudo corporis non propter se amanda, sed tanquam Pulchritudinis* (divinæ) *imago existimanda.* (Ficin.)

IV. Le Beau relatif est de deux espèces : il est *naturel* ou *artistique*.

Le Beau naturel, c'est la création, c'est l'œuvre de Dieu par laquelle il s'imite lui-même, poème, sublime d'un incomparable artiste (1).

Le Beau artistique, c'est l'œuvre de l'homme, image de la création divine, imitation de l'idéal.

V. Dans la nature et dans l'Art, le Beau, pour arriver à nous et nous émouvoir esthétiquement, revêt une forme sensible, qui est belle en tant qu'elle est le *symbole* du Beau invisible.

Un symbole est tout phénomène qui provoque en notre esprit l'idée d'une réalité distincte de lui. Il est naturel ou arbitraire, suivant que le rapport entre le signe et l'objet signifié est fondé sur la nature des choses ou sur la convention.

VI. Dans toute beauté finie, naturelle ou artistique, il y a donc un double élément constitutif:

*L'élément intellectuel* ou l'Idéal.

*L'élément sensible*, qui est le symbole qui nous révèle le Beau invisible, la forme transparente à travers laquelle il nous apparaît et nous charme.

---

(1) *Universi pulchritudo velut magnum carmen cujusdam ineffabilis modulatoris.* (Saint Augustin, *Epist. ad Marcellinum*, 138, alias 5.)

VII. *Le Laid* est l'absence d'un degré de Beauté qu'un être doit avoir en raison de sa nature et de sa fin.

La laideur physique consiste dans l'imperfection de l'être qui n'est pas conforme à son type. La laideur morale consiste dans l'opposition d'une action ou d'une vie avec la loi divine, avec la volonté et la sainteté de Dieu, Beauté absolue.

VIII. Et maintenant demandons-nous une dernière fois : qu'est-ce que le Beau, considéré en lui-même, dans sa source, son principe? — Nous répondrons :

C'est *la splendeur du Vrai et du Bien,* ou plus explicitement, plus clairement : *C'est le rayonnement, le reflet de Dieu dans le miroir des choses sensibles* (1).

*Corollaire.* — Le Beau n'est donc pas *l'Utile,* qui se réduit à la satisfaction des besoins de notre existence corporelle.

Il n'est pas *le Nouveau,* puisque, dans son principe, il est immuable et absolu.

Il n'est pas *l'Excessif,* puisqu'en outrepassant les limites du vrai et du bien, il cesserait d'être lui-même (2).

(1) V. 3ᵉ partie, note C.
(2) ...... Sunt certi denique fines
Quos ultra citraque nequit consistere rectum. (Horace.)

Il n'est pas seulement *l'Imitation* de la nature ; car la nature n'est qu'une de ses manifestations sensibles et symboliques.

Il suppose *l'Ordre*, il exige *l'Unité*, et si l'on veut dire qu'il est l'un ou l'autre, ou mieux, l'un et l'autre, il faudra entendre, non pas l'ordre créé seulement, mais la suprême intelligence ordinatrice ; non pas l'imparfaite unité des choses finies, mais celui qui est l'unité essentielle, *Deus unus et trinus*, Dieu un en trois personnes dont l'image se reflète, de plus en plus distincte, dans le monde matériel et dans l'âme humaine.

*Remarque.* — Quels rapports le *Sublime* et le *Gracieux* ont-ils avec le Beau ?

Il nous semble que le Sublime est la perfection, le point culminant du Beau, et que le Gracieux en est la première ébauche.

Le sublime nous rend visibles quelques traits de l'Infini. C'est ainsi qu'on éprouve le sentiment du sublime à la vue des magnificences de la nature, de l'immensité de l'Océan, des sommets neigeux des Alpes, des bruits de la tempête,... ou mieux encore au spectacle du juste aux prises avec l'adversité, du soldat héroïque donnant sa vie pour le pays, du martyr invincible au milieu des tourments...

Le gracieux c'est l'enfant souriant à sa mère :

Incipe, parve puer, risu cognoscere matrem.

C'est l'intérieur aimable et joyeux d'une famille heureuse, groupée, un soir d'hiver, autour du foyer... Pour devenir beau, il faut au gracieux l'épanouissement parfait et la grandeur.

De même que le *laid* est le contraire du beau, ainsi le *disgracieux* est opposé au gracieux, l'*horrible* au sublime (1).

## § II. — MANIFESTATIONS DU BEAU.

I. Le Beau absolu, invisible de sa nature, puisqu'il est Dieu même, a, nous l'avons dit, deux grandes manifestations : *la Nature*, qui est l'œuvre de Dieu; *l'Art*, qui est l'œuvre de l'homme.

II. Le Beau dans la Nature, en tant qu'il est le reflet de la Beauté divine dans *les choses* sensibles, s'appelle *le Beau réel*.

Le Beau dans l'Art, en tant qu'il est le reflet de

(1) V. 3ᵉ partie, note D.

la Beauté divine, d'abord dans *l'idée*, puis dans l'œuvre de l'artiste, se nomme *le Beau idéal* (1).

Pour mieux nous faire entendre, qu'on nous permette une comparaison. Le soleil a trop d'éclat pour que notre regard débile puisse le regarder en face. Pour l'admirer à l'aise, nous en cherchons l'image adoucie, mais vive encore et ressemblante, sur la surface paisible d'un lac.

Ainsi le Beau infini se reflète et rayonne dans la Nature c'est-à-dire dans le monde et surtout dans l'homme (2).

Supposez maintenant un miroir convenablement disposé pour recueillir la brillante image que le soleil imprime de lui-même dans cette eau, et pour condenser dans un moindre espace quelques-uns des rayons épars : voilà l'autre manifestation du Beau invisible, son reflet dans une œuvre d'art.

Que fait l'artiste ? Plein de l'idée du beau et s'inspirant de la nature, présentant, pour ainsi

(1) Le Beau idéal est pour quelques-uns une même chose avec le Beau absolu. Mais cette confusion de termes engendre une confusion d'idées.

(2) *Invisibilia Dei per ea quæ facta sunt intellecta conspiciuntur, sempiterna quoque ejus virtus et divinitas.* (Rom. I, 20.) — *Videmus nunc per speculum.* (1. Cor. XIII, 12,)

dire, son miroir au soleil lui-même et à l'image
de l'astre qu'il admire à la surface du lac, il reproduit matériellement quelque chose de ce qu'il a vu
*idéalement.*

Ainsi la Nature est comme un portrait de Dieu
peint par lui-même. L'art est l'œuvre de l'homme,
mais une œuvre faite deux fois *selon Dieu ;* car
l'artiste s'inspire d'abord de l'Original divin, modèle de toute beauté, puis du portrait que lui en
offre la nature, pour tracer à son tour une copie
du Beau invisible qui sera d'autant plus parfaite
qu'elle sera plus semblable à ce qu'il aura vu,
moins au dehors qu'au dedans de lui.

III. Dieu étant la Vie et l'Intelligence sera
d'autant mieux exprimé dans la nature que celle-ci
possédera davantage la réalité, ou présentera
mieux les apparences de l'intelligence et de la
vie (1).

C'est dire que le Beau réel a divers degrés, sui-
vant qu'il reflète plus parfaitement le Beau infini.
De là cette échelle, cette gradation ascendante des
Beautés créées.

a.). *La Beauté physique,* qui réside dans la matière ; elle consiste dans l'ordre et l'harmonie, la
force et la grandeur, indices de la toute-puissance

(1) V. 3e partie, note E.

et de la sagesse divine et dans la révélation symbolique de quelque attribut du Beau invisible.

*b.) La Beauté sensible*, qui réside dans l'animal; elle consiste dans les manifestations de la vie (1), et dans la représentation d'idées et d'affections que la brute n'a pas, mais dont elle offre les apparences (2).

*c.) La Beauté intellectuelle et morale*, qui réside en l'homme; il l'exprime par tout son être extérieur, surtout par le visage, miroir de l'âme, par la parole, vêtement transparent de la pensée, par ceux de ses actes qu'on appelle *de belles actions*, parce qu'elles joignent à la correction morale un éclat qui les fait glorieuses (3).

*Remarque.* — Si le Beau infini nous apparaissait lui-même sous une forme sensible, non plus

_____

(1) La plante participe à ce genre de beauté *vivante*.

(2) Ainsi Virgile associe le cheval au deuil causé par la mort de Pallante :

Post bellator equus, positis insignibus, Æthon
It lacrymans, guttisque humectat grandibus ora.
(*Æneid.* Lib. XI, v. 89.)

(3) Charles Lévêque, dans son remarquable ouvrage : *La science du beau*, dit que « le beau, dans tous les cas possibles, c'est *la force ou l'âme* agissant avec toute sa puissance et conformément à sa loi ». Cela est vrai du beau dans l'homme seulement.

comme en un miroir ou derrière un symbole (1),
mais en réalité; si, pour nous mieux émouvoir, il
revêtait la forme humaine dans ce qu'elle a de plus
pur et de plus achevé, et qu'il se manifestât à notre
intelligence par la plus profonde et la plus suave
parole, à notre cœur par le plus tendre amour, à
notre sensibilité et à notre imagination par d'éton-
nants prodiges et par un dévouement poussé jusqu'au suprême sacrifice.... le dernier mot serait
dit ici-bas, en fait de révélation de la Beauté!

Or c'est précisément ce que le Fils de Dieu a
réalisé en se faisant homme. Jésus-Christ, qui a
dit de lui-même : *Ego sum veritas*, est à même titre
la Beauté infinie rendue visible : *Speciosus forma
præ filiis hominum... Apparuit benignitas et huma-
nitas... Dei nostri.* La raison nous révèle le Beau
divin dans le monde naturel; la foi nous révèle le
Beau divin, Dieu fait homme, dans le monde sur-
naturel.

Cette manifestation miraculeuse du Beau s'appelle par excellence *la Révélation.*

Ce que nous venons de dire ne regarde pas seulement la divine Personne de Jésus-Christ, mais
sa doctrine, sa vie, sa mort, son œuvre qui est

(1) *Videmus nunc per speculum, in ænigmate.*

l'Eglise, son action persévérante et efficace par la
Grâce, son triomphe éternel dans la Gloire.

Quelle immense et magnifique perspective
ouverte à l'Art chrétien (1)!

(1) V. 3ᵉ partie, note F.

# DEUXIÈME PARTIE

## L'ART ET LES BEAUX-ARTS

———◆———

Toutes les choses finies sont les images de leur premier auteur, qui est Dieu, d'autant plus parfaites et plus belles qu'elles ressemblent davantage à l'exemplaire de toute beauté, à la Beauté suprême (1).

Toutefois la Nature, c'est-à-dire l'ensemble des choses créées, étant nécessairement imparfaite et de plus subissant le contre-coup de la déchéance originelle de l'homme, ne reflète que bien confusément la divine splendeur, comme une eau troublée la pureté du ciel.

---

(1) *Omnia tendunt, sicut ad ultimum finem, Deo assimilari. Res omnes creatæ sunt quædam imagines primi agentis, scilicet Dei; agens enim agit sibi simile : perfectio enim imaginis est ut repræsentet suum exemplar per similitudinem ad ipsum; ad hoc enim imago constituitur.* (S. Thomas, *Summa c. gent.* L. III, c. 19.)

Dans le monde matériel et surtout dans le monde moral, le Laid se rencontre presque toujours à côté du Beau.

Par la pensée nous allons alors au delà de la Nature, nous nous efforçons de reproduire quelques traits du Beau dans une œuvre dont nôtre idée est le type immédiat, dont Dieu est le type suprême. La forme matérielle et sensible, quelle qu'elle soit, ne sera donc que la manifestation extérieure, le symbole visible de l'idée, de *la forme idéale* (1).

De ce que nous avons dit jusqu'ici découle la notion de l'Art. Il nous est désormais facile de le définir et de répondre par là même à ces questions : Qu'est-ce que l'Idéal, — l'Expression, — l'Imitation, — la Fiction ?

## ARTICLE Ier.

### *DE L'ART EN GÉNÉRAL.*

#### § Ier. — DÉFINITION DE L'ART.

I. Ce terme a plusieurs sens. L'Art, par opposition à la nature, est le travail de l'homme. —

---

(1) *Forma, formositas,* en latin, c'est la beauté elle-même.

Par opposition à la science, qui s'arrête à la théorie, l'Art désigne la mise en pratique. — Par opposition au métier, qui a pour objet l'utile, l'Art proprement dit a pour objet le Beau.

En ce dernier sens, qui est le nôtre, *l'Art est un travail de l'homme qui a pour but de représenter le Beau invisible sous des formes sensibles d'invention humaine.*

Ou plus brièvement : *l'Art est l'interprétation du Beau invisible au moyen de formes sensibles.*

II. Faire resplendir le Vrai et le Bien , à l'aide d'images sensibles créées par l'esprit de l'homme, tel est donc le but de l'Art, son but direct et immédiat.

Il ne saurait donc avoir pour seul objet *l'imitation de la nature.* Quel intérêt trouverait l'homme à ce jeu puéril? S'il ne s'agit que de *voir ce qui est,* mieux vaut contempler l'original qu'une copie nécessairement imparfaite. Et puis, quel est l'art qui imite réellement la nature ? Même les arts figuratifs, tels que la sculpture, la peinture, ne méritent le nom de Beaux-Arts qu'autant qu'ils

---

C'est de cette forme idéale que parlait Michel-Ange, quand il disait :

L'immortal Forma al suo carcer terreno
Come angel venne..... (*Poésies.*)

nous présentent des formes idéalisées. Et la musique, sera-t-elle réduite à reproduire les bruits et les voix de la nature, par je ne sais quelle imitation servile? La poésie n'aura-t-elle plus d'autre domaine que le genre descriptif ?

Non, l'artiste n'est pas le copiste, *le photographe* de la nature, et c'est à tort que les Beaux-Arts sont parfois appelés *les Arts d'imitation* (1).

III. On parle beaucoup de la théorie de *l'art pour l'art*. Si l'on entend par là que l'artiste peut impunément outrager le bon goût, le bon sens et la morale, cette maxime est évidemment absurde. Mais si elle signifie seulement que l'Art, ainsi que nous l'avons dit, a pour fin immédiate la révélation du Beau, elle exprime, sous une forme un peu vague, une vérité manifeste.

De tout cela il ne faut pas conclure que l'Art ou plutôt l'artiste ne puisse viser à un but ultérieur : quelque avantage matériel, par exemple un nom célèbre, ou mieux, le profit moral et religieux des spectateurs de son œuvre. Mais, suivant la distinction scolastique, ce n'est pas là *finis operis*, mais *finis operantis.*

(1) V. 3e partie, note G.

## § II. — L'IDÉAL. L'EXPRESSION.

I. Le Beau artistique résulte de l'alliance et du juste rapport des deux éléments qui le constituent, j'entends l'Idéal et la forme sensible qui lui sert d'expression.

L'*Idéal* est l'idée la plus parfaite qu'on se fait d'une chose; c'est *le type de vérité et de perfection que la raison nous en fait concevoir.*

. Tout, en effet, a son idéal : le guerrier, le magistrat, le prêtre; le patriotisme, l'amour filial, le dévouement; une tragédie, une comédie, une fable.

Nous n'avons l'idéal absolu de rien, c'est-à-dire que nos conceptions, comme nos facultés, sont imparfaites. Mais, pour cela même, la limite de notre idéal peut toujours être reculée. *Excelsior!...* Toujours plus haut! Telle doit être la devise du véritable artiste.

L'Idéal est la source, le principe, l'essence de toute beauté. Pour le trouver, l'artiste n'interroge pas le monde extérieur, mais il se recueille au dedans et s'interroge lui-même (1).

(1) C'est ce qu'exprime admirablement saint Augustin : *Nec utique ut videat se (animus), corporalium oculorum quærit auxilium : imo vero ab omnibus corporis sensibus, tanquam impedientibus et perstrepentibus, abstrahit se ad*

1***

II. Néanmoins, ce n'est pas tout de concevoir un
idéal ; il faut le *réaliser*, c'est-à-dire faire descen-
dre la vérité intelligible dans les formes de la
nature sensible , représenter l'invisible par un
symbole visible.

C'est l'œuvre propre de l'imagination. Imaginer,
dans le sens élevé du mot, c'est exprimer l'idéal
au moyen d'une image.

L'expression esthétique est *la vertu qu'a le signe
symbolique ou la forme sensible de rendre l'Idéal.*

Plus l'idéal sera parfait, et d'autre part plus le
signe sera expressif , et plus l'œuvre d'art sera
belle.

L'artiste doit donc *idéaliser le réel et réaliser
l'idéal.* Où manque l'idéal, il n'y a qu'une forme
sans signification. Où manque la forme réelle, il
n'y a qu'une idée insaisissable à l'imagination, un
esprit sans corps (1).

---

se, ut videat se in se, ut noverit se apud se. (In Psalm. 41.)
    Et ailleurs : *Cogita, si potes, pulchritudinem (sensibilem)
sapientiæ, occurrat tibi pulchritudo justitiæ. Forma (corpo-
rea) est? Statura est? Color est? Nihil horum est, et
tamen est : nam, si non esset, non amaretur nec merito lau-
daretur.* (Tract. 40 in Joann.)
    (1) V. 3e partie, note H.

## § III. — L'IMITATION. LA FICTION.

I. La nature est l'œuvre de Dieu : à ce titre elle renferme d'incontestables beautés, et il suffit d'ouvrir les yeux pour s'en convaincre.

Mais, d'autre part, la nature, finie et déchue, offre avec non moins d'évidence des laideurs physiques et surtout des difformités morales.

De ce fait nous avons à tirer une double conséquence.

1. Puisqu'il y a dans la nature divers degrés de beauté, l'Artiste, en vue d'exprimer le Beau, peut et doit même, en une certaine mesure, imiter la nature.

Les choses créées représentent et rappellent l'Idéal, mais d'une manière imparfaite et confuse. — L'artiste le dégagera de ce qui l'obscurcit ou le dégrade, et le manifestera par des images plus pures et plus transparentes.

2. Mais cette imitation n'est légitime qu'autant qu'elle n'est pas servile; puisqu'on ne peut *tout* admirer dans la nature, on ne peut l'imiter qu'a-près avoir fait un choix intelligent.

Molière est certainement un de ceux qui ont le plus imité la nature, mais voyez avec quel discernement ! Sans doute il choisissait ses types immor-

tels dans les réalités existantes qui frappaient ses
regards; il avait, par exemple, étudié toutes les
variétés de l'avare. Harpagon n'en est pas moins
une création idéale: ce n'est point tel avare qui
vous apparaît; c'est *l'avare*.

II. Puisque l'art n'est pas une pure imitation
de la nature, il faut qu'il crée, qu'il invente. La
poésie, comme tous les autres arts, *fait* quelque
chose qui n'existait pas (1).

Etymologiquement, la fiction semble avoir le
même objet que l'Idéal. Mais, en fait, il y a une
différence notable entre l'un et l'aure.

Tandis que l'Idéal se compose des éléments
essentiels qui constituent un être et des rapports
naturels que ces éléments ont entre eux, la fiction
se compose d'éléments empruntés, il est vrai, au
monde réel, mais combinés suivant les rapports
les plus capricieux, les plus arbitraires, souvent
les plus contraires à la nature des choses.

Dans l'idéal il y a plus de vérité que dans le
réel; car l'idéal, ce n'est pas la nature telle qu'elle
est, mais avec toute la perfection, et par conséquent, avec toute la vérité qu'elle pourrait avoir.

La fiction, au contraire, est un fantôme de l'ima-

_____

(1) Ποίησις, de ποιεῖν, faire,

gination auquel rien de réel ne peut répondre.

Ainsi plus le corps de l'homme est parfait, plus il se rapproche de l'Apollon du Belvédère, qui, au point de vue de la forme, en est un type idéal, et plus il s'éloigne du Sphinx et du Centaure, qui sont de pures fictions.

Les arts, et en particulier la poésie, ne sauraient se passer de l'idéal. La fiction ne leur est pas indispensable, souvent même elle leur est nuisible.

Cela est encore plus vrai, quand il s'agit de peindre la vie humaine (comme dans les romans de mœurs). Autant un idéal est utile, autant la fiction est dangereuse. L'un nous place en face d'un but sublime, mais possible et raisonnable ; l'autre nous jette dans un monde chimérique où tout est sacrifié, jusqu'au devoir.

Enfin, rien de plus froid que la fiction : les ciseaux des Parques n'effraient pas plus que le fouet des Furies.

Ce n'est pas à dire qu'on ne puisse user de fictions, mais ce doit être avec modération et sagesse. Pour exprimer le Beau, les symboles naturels vaudront toujours mieux que les formes de pure convention.

§ IV. — ÉCOLE IDÉALISTE, ÉCOLE RÉALISTE.

Les deux éléments constitutifs de l'Art peuvent être combinés de telle sorte que l'un domine aux dépens de l'autre, ou même que l'un soit plus ou moins éliminé par l'autre.

De là, deux écoles : l'*école idéaliste*, qui a pour procédé d'effacer les formes par respect pour l'idéal, et l'*école réaliste*, qui, sans souci de l'idéal qu'elle nie ou qu'elle néglige, a pour procédé de reproduire *le réel*, tel qu'il est, la nature, la forme.

I. L'école réaliste ou de l'imitation prétend que le but de l'art, c'est de représenter fidèlement la nature, en dehors de laquelle rien n'est beau.

Mais tous les réalistes, pour démontrer cette thèse, n'usent pas des mêmes arguments.

Les uns, s'inspirant des doctrines grossières du matérialisme et de l'athéisme, ne voient rien au delà des réalités sensibles. Les autres, tout en admettant l'existence de Dieu créateur, disent que l'art ne saurait surpasser la nature, ni l'homme rien faire de plus beau que l'œuvre de la sagesse infinie.

Quant à ceux qui, sans rejeter la notion du Beau invisible et de l'Idéal, pensent que les signes

les plus naturels seront toujours les plus expres-
sifs, ceux-là n'ont de réaliste que le nom ou, si
l'on aime mieux, rendent le réalisme fort raisonnable.

II. L'école idéaliste veut que le Beau invisible
soit exprimé par les symboles les plus clairs et les
plus intelligibles.

Mais, tandis que certains idéalistes vont jusqu'à
supprimer le plus possible les formes, qu'ils re-
gardent moins comme un secours que comme un
obstacle à l'émotion esthétique, d'autres, plus
sages, demandent seulement qu'on simplifie les
signes naturels, qu'on choisisse les plus précis,
qu'on les débarrasse des détails qui les surchargent
dans la nature et qui pourraient distraire l'atten-
tion de l'esprit, afin que le Beau idéal resplendisse à travers la transparence du symbole.

On retrouvera les caractères de l'école réaliste
modérée, dans Van Dick, Téniers, W. Scott; ceux
de l'école idéaliste bien comprise, dans les sta-
tuaires grecs, dans Raphaël, dans Racine.

Ici, comme partout, il faut fuir les deux
extrêmes : « Reproduire la réalité sans se faire
cependant scrupule de la modifier pour rendre
plus claire l'expression de l'invisible ; rendre l'expression de l'invisible plus claire, sans modifier

toutefois la réalité au point qu'elle puisse être
méconnue ; adopter ainsi une méthode intermé-
diaire entre les méthodes exclusives des deux
écoles de l'idéal et de l'imitation : tel a été le but
des (vrais) artistes (1). »

C'est à garder cette juste mesure que serviront
les règles suivantes.

### § IV. — RÈGLES GÉNÉRALES DE L'ART.

Ces règles ont trait au double élément qui constitue l'Art : l'*élément visible* ou la forme, et l'*é-
lément invisible* ou l'Idéal.

I. *Règles touchant l'élément visible ou la forme.*
— La forme sensible, comme le mot même l'indique, doit être *expressive* et *intelligible*.

*Expressive ;* — car, le Beau étant invisible, une
forme qui ne l'exprimerait pas serait nulle au
point de vue esthétique : ni belle, ni laide.

*Intelligible ;* — c'est-à-dire que la forme doit
exprimer l'Idéal de telle manière que le sens du
symbolisme soit facile à deviner. Parmi les signes
symboliques, il en est qui sont universellement
et constamment intelligibles : tels le rire , les

(1) Théodore Jouffroy, *Cours d'esthétique,* 26ᵉ leçon,
p. 266.

larmes...Et ils sont préférables à tout autre. Il en est qui ne sont intelligibles que d'une façon relative, parce que leur sens dépend des institutions d'un pays, des mœurs d'un peuple, des usages d'une époque.

L'artiste doit en user sobrement, en se tenant en garde contre l'abus où tombent les réalistes (1).

II. *Règles touchant l'élément invisible, ou l'idéal.* — On peut les réduire à trois : l'*Unité*, la *Fidélité*, la *Moralité*.

L'*Unité*. — Elle est, nous l'avons dit, une condition essentielle du Beau; et c'est ce que prouve l'expérience.

Cette nécessité de l'unité dans les œuvres d'art est fondée sur la nature même de notre esprit, qui cherche toujours à ramener à l'unité la variété réelle ou fictive (dans une tragédie, par exemple), à moins que l'œuvre ne réclame aucune unité (un livre des fables de la Fontaine).

La *Fidélité*. — Elle consiste en ce que l'invisible soit exprimé conformément à l'idée qu'on se

(1) « Quand W. Scott peint un personnage, il en indique la figure, les traits, le son de la voix, la démarche, les tours de physionomie, les habits même, etc. » (Jouffroy, *Cours d'Esthétique*, 28ᵉ leçon, p. 275.)

propose de manifester. Ainsi un homme doit rester un homme : l'idéalisation ne doit pas outrepasser les bornes du possible et du vraisemblable.

La *Moralité*. — L'art doit exprimer le Beau : il doit donc s'abstenir de toute représentation de la laideur morale, à moins cependant que ce ne soit pour faire mieux ressortir la splendeur du Vrai et du Bien, comme le peintre distribue les ombres dans un tableau. Mais, en ce cas même, jamais la peinture du vice ne devra être un danger pour la vertu : l'Art ne saurait s'affranchir, sous aucun prétexte, des lois de la Morale ; en s'attaquant à l'honnêteté, il se déshonore lui-même.

« La haute moralité des œuvres de l'imagination a pour principe l'éternelle et profonde affinité du Beau et du Vrai. » (Franck, *Dict. de philosophie*, au mot IMAGINATION.) (1).

(1) V. 3° partie, note I.

# ARTICLE II.

## *DES BEAUX-ARTS.*

§ I<sup>er</sup>. — CLASSIFICATION DES BEAUX-ARTS.

Le Beau, considéré en lui-même, est quelque chose de parfaitement un ; mais la forme sensible sous laquelle il se manifeste à nous est multiple.

Dans la Nature, nous avons distingué trois degrés de beauté : *la beauté physique* de la matière, *la beauté sensible* de l'être animé, *la beauté intellectuelle et morale* de l'homme.

Il en sera de même dans l'Art. — Partant de ce principe qu'un art est d'autant plus excellent, que le degré de beauté qu'il exprime est plus élevé et qu'il l'interprète avec plus de puissance idéale, nous pouvons, à l'aide de ce double critérium, établir la nomenclature et la classification des beaux-arts (1).

Au bas de l'échelle des arts se place l'*Architecture*, qui n'exprime nettement que la puissance

(1) « L'art s'élève et grandit comme grandissent et s'élèvent les beautés exprimées, et les signes qui expriment ces beautés. » (Lévêque, *Science du Beau*, II, 15.)

ordonnée de la matière inorganique, la beauté physique, et qui, par rapport aux beautés supérieures, ne possède qu'imparfaitement la vertu interprétative.

Tout à côté, et presque au même rang, se met l'*Art des jardins*, qui est une sorte d'architecture travaillant sur la nature organisée et vivante.

Au 2ᵉ degré, la *Sculpture*, qui interprète la nature animale et surtout la nature humaine, bien qu'avec des moyens d'expression plus bornés que ceux dont dispose la peinture.

Si la *Peinture* le cède à la sculpture en ce que les corps qu'elle dessine n'ont que deux des dimensions de l'étendue, elle l'emporte beauc  p par la largeur, la richesse, la variété de l'expression ; par les secours que lui prêtent la perspective et surtout la couleur.

.Nous ne déciderons pas la question délicate de savoir si la *Musique* doit prendre place après ou avant la peinture ; mais il est incontestable que sa vertu expressive est immense et qu'elle est un des arts supérieurs. A la musique il convient de joindre la *Danse*, qui est une musique mimée.

Enfin, tout au sommet, la *Poésie*, qui surpasse incontestablement tous les autres arts, parce que le domaine de son interprétation est illimité, et

qu'elle a pour instrument la parole, qui est le signe par excellence de l'idée, le mode suprême d'expression pour rendre l'Invisible.

Quant à l'*Eloquence*, elle est plus qu'un art :
par le fond, par la logique du discours, elle est
une science ; par le but qu'elle se propose, le triomphe du vrai, la pratique du bien, elle se distingue
des arts, dont la fin directe est la manifestation du
Beau. Pour l'éloquence, le beau et le noble plaisir
qu'il procure, ce n'est pas la fin, mais le moyen :
elle touche, elle plaît, pour persuader.

*Remarque.* — Quelques auteurs, tels que V.
Cousin et Lamennais, classent les Beaux-Arts
d'après les sens auxquels ils s'adressent (1). Il est
évident qu'il ne saurait être ici question du tact,
du goût et de l'odorat, qui ont pour objet l'utile,
l'agréable, mais n'ont rien à faire avec le Beau.

A l'ouïe se rapporte la musique ; à la vue, l'architecture, l'art des jardins, la sculpture, la peinture, la pantomime.

L'art dramatique est un art mixte, qui s'adresse
aux oreilles et aux yeux tout ensemble.

La poésie est lue ou récitée : elle passe donc par
les yeux ou par les oreilles, mais pour arriver à
l'imagination.

(1) V. 3ᵉ partie, note J.

§ II. — VALEUR ESTHÉTIQUE ET CONDITIONS DE
CHACUN DES BEAUX-ARTS.

I. — L'ARCHITECTURE.

I. L'*Architecture* est l'art de construire, suivant
les règles et les proportions convenables, des
édifices dont la forme matérielle exprime une
conception idéale.

Puisqu'elle est un art, elle n'a pas directement
en vue l'utile, bien qu'elle en tienne grand compte,
mais la manifestation du Beau.

II. L'Architecture a pour principe et pour base
la force résistante de la matière inorganique (1).

Elle s'empare de cette force, elle l'agrandit, elle
l'ordonne et s'applique à rendre sensible, par la
forme nouvelle qu'elle lui impose, l'idée que doit
signifier le monument.

III. L'œuvre architecturale a donc une vertu
expressive qui, pour être restreinte, n'en est pas
moins réelle.

1. Elle exprime l'idée de *la Force* résistante,
agrandie dans toutes les dimensions de l'étendue;

2. L'idée de *l'Unité*, par l'unité matérielle et

---

(1) Elle n'use du bois que lorsque toute la vie, tous les
mouvements de la sève ont cessé.

l'étroite liaison de toutes les parties, des murs, des voûtes, des toitures ;

3. L'idée de *la Variété,* par les assises superposées, par la division de chaque façade en étages, de chaque étage au moyen des ouvertures, par les colonnes, les portiques, les ailes différant par le dessin du pavillon central, etc. ;

4. L'idée d'*Ordre* et de *Symétrie,* résultant de la variété et de l'unité ;

5. L'idée de *Convenance,* par l'adaptation des formes au site, au climat, et surtout à la destination de l'édifice ;

6. Enfin, par tout cela, c'est-à-dire par les dimensions, l'unité, la variété, l'ordre, la symétrie, la convenance, l'architecte fera naître une idée dominante, fruit principal de la contemplation de son œuvre, un sentiment esthétique qui s'emparera du spectateur : l'idée de Dieu et le sentiment religieux à la vue d'une église ; l'idée et le sentiment de la majesté royale à la vue d'un palais ; l'idée et le sentiment d'une vie simple et heureuse à la vue d'une habitation champêtre...

*Remarque.* — L'architecture, la sculpture et la peinture ont un élément commun, *le dessin.* C'est pourquoi on les appelle arts du dessin ou *arts plastiques.*

Le dessin est la délimitation de la forme des corps à l'aide de la ligne.

Au point de vue de la délimitation de la forme, la ligne se présente sous l'aspect de ligne *courbe* ou de ligne *droite* ; cette dernière affecte deux directions principales : elle est *verticale* et *hori-χontale*. La ligne oblique, rectiligne comme les deux premières, n'est qu'une modification de l'une et de l'autre.

Au point de vue esthétique, la ligne verticale est plus idéale; la ligne horizontale, parallèle au sol, offre un caractère plus matériel ; la courbe exprime la grâce, la perfection, l'expansion harmonieuse de la vie; elle prédomine dans les corps vivants et surtout dans le corps humain.

La ligne joue un rôle considérable en architecture ; c'est elle surtout qui détermine *les styles.*

Là où prédomine la verticale, l'idéal sera plus élevé, l'âme montera vers le ciel.(Flèche gothique.)

Là où règne, au contraire, la ligne horizontale, l'expression architecturale aura quelque chose de plus terrestre, de plus humain. (Temple grec.)

La courbe aura des sens différents suivant ses diverses combinaisons. Ainsi, le cintre exprime la grâce unie à la force. L'ogive, où prédomine l'élément vertical, vise au sublime. Le cintre sur-

baissé convient bien au style élégant et maniéré
de Louis XV.

Michel-Ange a marié les deux premières courbes, le plein cintre et l'ogive, pour soutenir dans
les airs la coupole gigantesque de Saint-Pierre (1).

## II. — LA SCULPTURE, LA STATUAIRE.

I. La *Sculpture* est l'art de reproduire, à l'aide
d'un solide quelconque, la forme animée, et par
elle le Beau idéal (2).

II. Elle comprend l'ornementation, le bas-relief
et la statuaire.

La *sculpture d'ornement* sert à décorer, par
exemple, les chapiteaux des colonnes, de figures
réelles ou fantastiques, empruntées au règne vé-
gétal ou au règne animal.

Le *bas-relief* est une sculpture en saillie sur un
fond uni (3), sorte de dessin solide, assujetti aux

(1) V. 3ᵉ partie, note K.
(2) La *Plastique* est l'art de modeler en cire ou en argile.
Le *Moulage* est l'art de reproduire un modèle avec le
plâtre. La *Sculpture* proprement dite taille avec le ciseau
ou coule dans un moule les métaux en fusion.
(3) L'ouvrage s'appelle *bas-relief, demi-relief* ou *haut-
relief,* suivant que la sculpture fait plus ou moins saillie.
— On nomme au contraire *ronde-bosse* la figure, isolée et
terminée sous toutes les faces.

3*

mêmes règles de perspective, aux mêmes conditions de plans et d'illusion optique que la peinture, et qui, tout en n'étant qu'une demi-sculpture, n'en est pas moins une précieuse ressource pour l'art monumental.

Le bas-relief crée *la numismatique*, dont le produit n'est pas seulement une monnaie, mais devient avec le temps un document irrécusable pour la science et l'art, un précieux témoin pour l'histoire.

III. La sculpture proprement dite consiste surtout à reproduire la forme humaine; elle prend alors le nom de *statuaire* (1).

La *Statuaire* a une grande valeur esthétique. En effet, le chef-d'œuvre de Dieu dans la nature, c'est l'homme, créé à « son image et à sa ressemblance », et rayonnant de l'éclat de l'infinie beauté (2).

L'homme est beau par son âme; mais cette beauté invisible a son reflet et son expression dans le corps et surtout dans le visage.

---

(1) Excudent alii spirantia mollius æra,
     Credo equidem ; vivos ducent de marmore vultus.
                (Énéide, l. vi, v. 848-849.)

(2) *Signatum est super nos lumen vultus tui, Domine.*
(Psaume iv.)

En reproduisant la beauté physique et sensible
des formes humaines, la statuaire a donc pour
but et pour devoir d'interpréter la beauté intellectuelle et morale de l'âme et, par celle-ci, quelque
chose de la beauté infinie.

« Ce n'est que par là qu'elle touche à la perfection, c'est par là qu'elle a créé ses plus incomparables chefs-d'œuvre (1). »

IV. Confinant plus que tous les autres arts à la
matière, elle a spécialement besoin de l'idéal pour
se transfigurer et se dégager des réalités grossières
de la forme. Il faut que l'impression, le sentiment
qu'elle fait naître, soient aussi purs que le marbre
de Paros ou de Carrare, d'où sort la blanche
statue (2).

Mais non seulement la statuaire ne doit pas of-
fenser la pudeur, elle ne peut pas même reproduire
la laideur, serait-ce pour donner plus de relief à la
beauté. On comprend aisément que la laideur à
trois dimensions serait un spectacle absolument
insupportable.

_____

(1) Lévêque, ii, 65.
(2) Cette règle relève de la morale, et non directement de
l'esthétique. La moralité dans les œuvres d'art est un devoir
pour l'artiste : le beau, parût-il atteint, ne saurait servir
d'excuse au mal.

Enfin, la statuaire exige la simplicité grave,
l'attitude calme et non tourmentée, comme le fait
remarquer Lessing, dans le *Laocoon* (1) ; elle a
pour objet les corps et non les actions ; nécessairement elle immobilise un état et ne peut rendre,
comme la poésie, par exemple, les détails successifs d'un fait. Elle devra donc .saisir un seul
instant de l'action complexe, celui qui fera mieux
comprendre l'instant qui précède et l'instant qui
suit, et ce ne sera jamais celui de l'action déjà ac-
complie ou de la passion parvenue à son paroxysme.

V. Nous n'avons plus la célèbre statue de Minerve sculptée par Phidias pour le Parthénon;
mais Pausanias (2) nous a laissé une exacte des-
cription de cette statue de *la Vierge* Parthenos,
celle de toutes les puissances de l'Olympe, qui,
par sa pureté morale et intellectuelle, et par l'ensemble de ses nobles attributs, ressemblait le plus
à l'esprit divin, à l'intelligence divine (ά Θεονόα),
comme Platon expliquait plus tard le sens du
mot *Athéné* (3).

« La statue de Minerve, dit Pausanias, est de-

(1) Surtout §§ III et XVI,
(2) *Attica,* XXIV, 5.
(3) Platon, *Cratyle,*

bout, vêtue de la tunique talaire; sur sa poitrine
on voit la tête de Méduse en ivoire. Elle porte
une Victoire haute de quatre coudées; elle tient
une lance; le bouclier est à ses pieds, et à l'endroit
où pose la lance est un serpent... La statue de la
déesse est en or et en ivoire; un sphinx est placé
sur le cimier du casque, et des deux côtés du
casque sont des griffons. »

Le sphinx figure l'intelligence, et les griffons
sont les symboles mythologiques de la lumière.

Phidias, exilé chez les Eléens, produisit un
autre chef-d'œuvre qui fut la suprême manifestation
de son génie : le colosse de Jupiter Olympien (1).
Cicéron, dans son *Orator* (§ II), dit à ce
sujet : « Phidias, ce grand artiste, quand il
faisait une statue de Jupiter ou de Minerve,
n'avait pas sous les yeux un modèle particulier
dont il s'appliquait à exprimer la ressemblance;
mais *au fond de son âme résidait un certain type
accompli de la beauté, sur lequel il tenait ses regards attachés, et qui conduisait son art et sa
main.* »

*Remarque.* — De même que la ligne est verti-

_____

(1) Il en existe une copie magnifique au musée du Vati-
can, copie souvent reproduite.

cale, horizontale et courbe, le solide a trois dimen-
sion ou délimitations élémentaires : *la hauteur*, *la
largeur*, *le périmètre* ou pourtour.

Le *modèle* est au solide ce que le simple dessin
est à la surface ; c'est la superficie idéale, c'est-à-
dire le réseau complexe de toutes les lignes qui
enserrent la matière dans la forme *vue* et créée par
l'artiste.

Bien que le modelé de la statue, copie idéale du
corps humain, soit régi en général par la courbe,
son caractère se modifie pourtant selon que les
formes courbes affectent des directions plus allon-
gées ou plus horizontales.

L'exagération de la forme svelte a produit la
statue amaigrie, un peu raide du moyen âge ;
l'exagération de la forme exubérante aboutit à la
lourde masse du Silène antique. Le Beau idéal est
à égale distance de ces deux excès.

### III. — LA PEINTURE.

I. La *Peinture* est l'art de reproduire sur une
surface plane, à l'aide du dessin, du clair-obscur
et du coloris, l'apparence des objets visibles, pour
exprimer le Beau idéal.

II. Laissons de côté l'*ornementation peinte*, qui

doit être assimilée à l'ornementation sculptée, et la peinture appliquée à la statue, d'où résultera, en règle générale, une œuvre très inférieure à un simple tableau ou à une simple sculpture (1), par cette raison que l'imitation matérielle, poussée au delà d'une juste limite, diminue d'autant plus l'illusion qu'elle laisse moins à faire à l'imagination.

III. La peinture proprement dite est incontestablement le premier des arts plastiques. Outre le dessin, elle a, en effet, les incomparables ressources de la perspective, du clair-obscur et du coloris.

Le dessin représente les contours des objets par de simples traits. Ce serait peu, si la perspective ne venait ajouter à l'illusion optique, en représentant sur une surface plane les objets à une distance et dans une position donnée, tels qu'ils seraient vus à travers un plan transparent placé entre eux et l'œil (2).

Le clair-obscur imite l'effet que produit la lumière en éclairant les surfaces qu'elle frappe (3).

(1) Bernardin de Saint-Pierre, *Etude de la Nature*, t. II, p. 207.
(2) Perspective, de *perspicere*, voir à travers.
(3) Rembrandt, le Titien, Van Dyck en offrent d'excellents modèles.

Enfin la couleur achève de donner au tableau toutes les apparences de la réalité.

IV. Un exemple aidera à mieux faire comprendre la puissance sans égale de la peinture dans le domaine de l'art. Nous l'empruntons à Raphaël et au suprême chef-d'œuvre de son génie : au tableau de la *Transfiguration* :

« Le visage de Jésus devenant tout à coup éblouissant comme le soleil et ses vêtements blancs comme la neige ! Un tel sujet n'échappe-t-il pas aux ressources expressives de la peinture ?... Puis, quelle difficulté de faire pyramider une montagne dans un cadre restreint et de placer au sommet les personnages de cette scène surnaturelle, sans laisser vides les places inférieures, ou sans rompre, en les remplissant, l'unité de l'action ? Ces difficultés, Raphaël les a vaincues.

« L'Evangile dit que, pendant que Jésus était sur la montagne avec Pierre, Jacques et Jean son frère, un homme avait présenté aux disciples restés en bas son fils qui était lunatique, mais qu'ils n'avaient pu le guérir. Le peintre s'est emparé de cette donnée.

« Au pied de la montagne il a groupé le possédé soutenu par son père, des femmes à genoux demandant un miracle en faveur de l'enfant, et les disciples que le Maître n'a point emmenés avec lui. Le premier plan est ainsi rempli. De plus, par leur masse, leurs proportions, leur caractère de forte réalité et l'énergie de leur couleur qui les rapproche de l'œil, les personnages d'en bas repoussent et éloignent vivement les figures idéales et baignées d'une vague lumière qui occupent le point le plus élevé du site.

« Mais l'unité n'est-elle pas brisée? N'y a-t-il pas là deux tableaux au lieu d'un seul ? Nullement. Les disciples, auxquels leur foi chancelante n'a pu communiquer encore le don des miracles, se sentent incapables de guérir le malheureux insensé, et trois d'entre eux, de leur main tendue, désignent la hauteur où est celui qui chasse les démons par sa seule parole. Les bras vigoureux, allongés dans le même sens, sont autant de lignes de rappel qui, de trois points différents, conduisent impérieusement le regard vers le sommet de la montagne.

« Là est le spectacle sublime que l'art n'a donné qu'une fois et qu'il ne donnera jamais plus.

« Des trois disciples choisis, aucun n'a supporté l'éclat de la splendeur divine : l'un est tombé la face contre terre ; les deux autres cachent de la main leurs yeux aveuglés. Moïse et Elie, descendus un instant du ciel et suspendus dans l'étendue, à droite et à gauche du Sauveur, contemplent au contraire avec amour sa face étincelante.

« Lui, il s'élève d'un vol invisible; la terre semble s'éloigner de ses pieds; un souffle mystérieux gonfle et soulève sa blanche draperie; ses cheveux flottent, son front brille, sa tête se penche vers la terre et vers les hommes, et ses bras ouverts, comme ils le furent plus tard sur la croix, paraissent prêts à se fermer pour serrer et garder sur son cœur le monde tout entier des âmes.

« C'est le dermier mot de la peinture et sa limite extrême (1). » C'est de plus la démonstration triomphante de la théorie spiritualiste de l'Art que nous avons exposée plus haut.

Voilà bien le Beau invisible manifesté sous forme sensible. La beauté infinie du Verbe nous est apparue dans la chair, pleine de grâce et de vérité. Et c'est son portrait que le pinceau de Raphaël s'efforce de fixer sur la toile. La copie, tout éloignée qu'elle est du divin original, est si belle, que Raphaël estime sa tâche achevée. *Come ultima cosa che far avesse, non tocco più pennello, sopraggiungendo gli la morte* (2).

(1) Lévêque, *Science du Beau,* II, p. 125.
(2) Vasari.

*Remarque.* — On appelle couleurs primitives les sept couleurs du spectre solaire : violet, indigo, bleu, vert, jaune, orangé, rouge. Mais on sait que ces sept nuances se réduisent à trois, c'est-à-dire au *bleu*, au *jaune*, au *rouge*.

Les peintres emploient cinq couleurs fondamentales avec lesquelles ils forment toutes les autres : ce sont les trois que nous venons d'énumérer, et auxquelles il faut ajouter le *noir*, qui est une privation de couleur, et le *blanc*, qui est la somme harmonieuse de toutes.

Chaque couleur a une signification symbolique, universellement acceptée. Le blanc signifie joie et pureté ; le noir, crime ou tristesse ; le jaune figure l'or et la richesse ; le bleu, l'azur du ciel et la douce bonté ; le rouge, la force et le courage...

On voit que les couleurs ne servent pas seulement à reproduire exactement l'apparence des objets réels, pour aider à l'illusion, mais qu'elles ont un symbolisme naturel, qui exprime l'Invisible.

### IV. — LA MUSIQUE.

I. La *Musique* est un art qui, à l'aide d'une série de sons successifs *(mélodie)*, régulièrement mesurés et cadencés *(rythme)*, et combinés en accords *(harmonie)*, éveille des sentiments et des idées et élève l'âme jusqu'au Beau invisible.

Le son est un mouvement de l'air produit par les vibrations de certains corps. — Voilà ce que nous en dit l'Acoustique.

L'Esthétique saisit les rapports constants qui existent entre le son et l'être qui le produit, et reconnaît dans tels sons une naturelle aptitude à exprimer tels sentiments (1).

Le son, en effet, même réduit au simple cri, manifeste ce qué l'être animé a de plus intime, le plaisir, la douleur... Mais le son par excellence, au point de vue musical, c'est la voix humaine.

La musique en développe le timbre, en étend le *registre*, en règle la tonalité. — Pour cela, elle se sert de cette progression méthodique de sons qu'on appelle la *gamme* ou l'échelle diatonique.

La gamme en usage aujourd'hui est composée de sept tons ou sons fondamentaux, gradués en

(1) Dieu nous fait entendre de toutes parts d'admirables concerts dans la nature, sur la signification desquels nous ne nous trompons pas : les oiseaux, les échos, les ruisseaux, le feuillage des arbres, la mer, les vents, le tonnerre, autant de voix qui nous parlent un langage intelligible. (V. *Essai sur le Beau*, par le P. André, de la Compagnie de Jésus. Edit. de Victor Cousin. 4ᵉ discours.)

vertu d'une loi mathématique, d'une loi physique, d'une loi physiologique, d'une loi psychologique : une loi mathématique, puisque les sons d'une même gamme ont pour expression exacte des nombres constants; une loi physique, puisque, pour produire chacun de ces tons, il faut un nombre constant de vibrations; une loi tout ensemble physiologique et psychologique, puisque les sons ont des rapports constants et avec notre ouïe et avec tels sentiments de l'âme auxquels ils répondent (1).

II. A l'ordre diatonique, d'où résulte la mélodie, la musique ajoute le *rythme*, qui marque chaque son et en détermine la durée. La *mesure* précise symétriquement le rythme, et le *mouvement* l'accélère ou le ralentit.

Le rythme est essentiel à la musique, comme à la versification. Il n'en est pas de même de la mesure, entendue selon l'absolue rigueur qui la règle aujourd'hui. La musique antique et le plainchant ont un rythme et pas de mesure.

III. La musique accroît ses effets : 1° par des ensemble de voix chantant à l'unisson; 2° par

(1) V. Lamennais, *De l'Art et du Beau*, p. 174 et suiv. (Edit. Garnier, 1872.)

des instruments jouant à l'unisson avec les voix; 3° par des voix ou des instruments jouant en accords, c'est-à-dire produisant, par la combinaison de deux, de trois, de quatre notes, une note complexe dont la série engendre l'*harmonie*.

*Remarque.* — L'accord parfait a trois notes: la tonique, la tierce ou médiante, la quinte ou dominante. — Dans l'accord parfait comme dans la gamme totale, l'octave n'est que le retentissement de la note fondamentale au sommet de l'échelle diatonique.

La musique elle-même a trois éléments constitutifs: la mélodie, le rythme et l'harmonie (1).

IV. Et maintenant réunissez des masses de voix et des masses d'instruments; déployez habilement les ressources multiples de la mélodie, du rythme et de l'harmonie; obtenez des exécutants l'accent, l'expression, l'*âme* enfin qui doit tout animer: vous aurez la musique à sa suprême puissance.

La musique, en effet, n'est belle qu'autant qu'elle révèle l'âme et qu'elle exprime le Beau idéal. Faire aimer le Beau, telle est sa fin (2).

---

(1) V. 3ᵉ partie, note L.

(2) Σκοπὸς τῆς Μουσικῆς τὰ τοῦ καλοῦ ἐρωτικά. (Aristide, cité par le P. André, *Essai sur le Beau*, 4ᵉ discours.)

Aussi toutes les forces essentielle de la musique se ramènent-elles à la voix humaine, qui est l'écho vivant de l'âme. Mais le chant sans la parole articulée (1) ne saurait exprimer une pensée, un jugement, ni même une action qui n'a rien de commun avec le son et la mesure. Ce qu'il rend, c'est le sentiment simple, tel que le plaisir ou la douleur, la joie ou la tristesse, la crainte ou l'ardeur guerrière. Voulez-vous sortir de l'expression vague de ces sentiments simples, il vous faut le concours de la parole, de la *poésie*. C'est en s'associant à la poésie, que la musique atteint le plus haut degré de sa vertu expressive.

V. Sa mission première est de chanter Dieu et d'embellir les cérémonies de son culte. Philosophiquement et historiquement, la musique est avant tout *religieuse*. La plus parfaite musique religieuse, c'est le plain-chant (2).

(1) C'est ce qu'on appelle *vocalise*. — Dans le langage articulé, les consonnes déterminent le son, comme, dans le langage des couleurs, le dessin détermine l'image.

(2) Lévêque, II, p. 163-170. — La musique était regardée dans l'antiquité comme un art divin, un art sacré. Le peuple d'Israël la cultivait avec enthousiasme. Lamartine a fait preuve de peu de goût et de peu de jugement, quand il a dit que « la musique est le moins intellectuel et le plus sensuel de tous les arts. » (*Hist. des Girondins*, t. VII, p. 113.)

Toutefois on a tort de diviser la musique en plain-chant et en musique profane. Il faut opposer à celle-ci *la musique sacrée*, qui comprend, non seulement le plain-chant, mais toute musique ayant un caractère vraiment religieux.

La musique profane va de la chanson et de la romance au chant national (la France attend le sien), et à l'opéra : *opera buffa* ou comique, *opera seria* ou grand opéra (1).

### V. — LA DANSE.

La *Danse* est l'art d'exprimer, par les mouvements ordonnés du corps humain, les sentiments de l'âme, et par là le Beau idéal.

Par les lignes du mouvement et la pose, elle se rattache aux arts du dessin : le danseur est une statue animée.

Par le rythme et l'harmonie, elle a des affinités avec les arts dérivés du son. D'ailleurs elle ne se sépare guère de la musique.

Le *pas* est l'élément initial de la danse. Si les pas se succèdent à des intervalles égaux, c'est la *marche* mesurée. Une marche militaire, exécutée

(1) V. 3ᵉ partie, note M.

sur un rythme bien marqué, est un pas de danse
guerrière.

Une procession bien ordonnée et réglée sur le
chant des hymnes est au fond une danse religieuse.

Mais la marche peut se compliquer d'évolutions
harmoniques, rectilignes ou courbes, de mouvements réguliers du corps et de diverses attitudes,
d'où résultent les *figures* de la danse proprement
dite.

Enfin, la danse mêlée de pantomime devient le
*ballet*, danse figurée, représentant une allégorie
ou une action dramatique.

Quel qu'en soit le caractère, la danse, étant un
art expressif du Beau idéal, exige essentiellement
l'ordre, la mesure, la grâce, la décence. Sans cela,
elle serait une inconvenance et une sottise. C'est
dire qu'il y a des danses qui sont à la *danse* ce que
la cacophonie est à la musique, un affreux bar-
bouillage à la peinture. C'est la perversion de
l'art, c'est le laid physique et moral.

Et à ce sujet remarquez l'aberration d'esprit qui
donne chez nous la préférence aux danses étran-
gères les plus opposées à notre génie national. Nos
pères avaient emprunté les quadrilles à l'Italie, la
sarabande et le fandango à l'Espagne. Aujourd'hui
la mode impose aux Français la *polka* hongroise, la

*masurka* ou la *redowa* polonaise, la valse allemande ou russe... presque toujours aux dépens du bon goût, du bon ton et des bonnes mœurs.

### VI. — LA POÉSIE.

La *Poésie* est un art par lequel l'homme, au moyen de la parole, surtout de la parole mesurée et rythmée, exprime l'âme tout entière, avec ses idées, ses sentiments, peint tous les événements de l'histoire, crée tout un monde de fictions, et, par là, rend sensible le Beau idéal sous toutes ses formes.

La poésie est sans contredit le premier des arts, car *a*.) son instrument expressif est la parole, qui traduit mieux que tout autre l'Invisible.

*b*.) Son domaine est sans bornes : c'est l'âme et la matière, le présent, le passé et l'avenir, l'homme et Dieu.

*c*.) Elle s'adresse à l'imagination et lui présente des spectacles que la vue n'embrasserait jamais.

Aussi est-elle, par excellence, une création : le poète s'appelle créateur : ποιητής.

La poésie *peint* avec des mots; mais ces mots, soumis aux lois de la versification, deviennent *une musique*. Le vers n'est pas plus la poésie que le vêtement n'est l'homme ; mais il en est le complément, sinon nécessaire, du moins utile.

Elle embrasse tous les genres : le *Poème épique*, qui raconte le divin, l'héroïque, le merveilleux ; — l'*Ode*, qui chante avec enthousiasme ; — le *Drame*, qui met en spectacle toutes les extrémités des choses humaines ; — la *Satire*, qui venge la vertu et flagelle le ridicule ; — la *Fable*, le *Roman*...

Nous n'en dirons pas davantage, la poésie n'étant guère du domaine de la philosophie (1).

(1) V. 3ᵉ partie, note N.

# CONCLUSION.

Résumons en quelques mots ces brèves notions d'esthétique.

Dieu est la suprême Beauté, comme il est la Vérité infinie et la Bonté parfaite.

La Beauté divine est le principe et l'archétype de toute beauté créée. Invisible en soi, elle se manifeste dans la nature, ce portrait de Dieu fait par lui-même.

L'artiste, copiste de Dieu et créateur en quelque manière, réalise son idéal en le revêtant d'une forme sensible, symbole de ce qui n'est point perçu par les sens.

Les Beaux-Arts se classent suivant ce qu'ils expriment de la Beauté divine et selon la manière dont ils l'expriment

Ainsi entendue, l'Esthétique a sa place marquée à la suite de la Logique et de la Morale. Si la Logique est la science du Vrai, et la Morale la

science du Bien, elle est la science du Beau. Mais,
non moins que ses deux sœurs, l'Esthétique a
pour fondement nécessaire la notion du divin :
sans l'idée de Dieu, il n'est plus possible de concevoir ni Beau, ni Vrai, ni Bien ; il n'y a plus de
science, plus d'art digne de ce grand nom (1).

(1) V. 3ᵉ partie, note O.

# TROISIÈME PARTIE

## ÉCLAIRCISSEMENTS ET CITATIONS

———•———

## NOTE A.

### *DIFFÉRENCE DU BEAU ET DE L'UTILE.*

Le Beau diffère de l'utile, du bien et du vrai ; l'utile nous retient dans la sphère bornée du monde sensible, dans le cercle des besoins de notre nature finie. Le Beau nous révèle l'Infini, non en soi, mais dans une image et sous une forme sensible. Le Bien nous fait concevoir la fin des êtres et le but auquel ils tendent ; mais dans le Bien, la fin est distincte des êtres eux-mêmes ; elle est placée en dehors d'eux ; ils y aspirent ou ils doivent l'accomplir. Dans le Beau, la fin et les moyens sont identiques ; la fin se réalise d'elle-même par un développement naturel, libre et harmonieux.

(A. Franc, *Dictionnaire des sciences philosophiques.*)

## NOTE B.

### *LE BEAU N'EST PAS L'AGRÉABLE.*

Si la sensation de l'agréable accompagne souvent l'idée de la beauté, il n'en faut pas conclure que l'une soit l'autre.

L'observation atteste que toutes les choses agréables ne nous paraissent pas belles, et que, parmi les choses agréables, ce ne sont pas les plus agréables qui sont les plus belles, preuve évidente que l'agréable n'est pas le Beau ; car si l'un est identique à l'autre, ils ne doivent jamais être séparés, et ils doivent toujours être proportionnés l'un à l'autre.

Or, n'est-il pas certain que tous nos sens sont en état de nous donner des sensations agréables, et que deux seulement ont le privilège d'exciter en nous l'idée de la beauté ? A-t-on jamais dit : « Voilà une belle saveur, une belle odeur ? » Cependant on devrait le dire si le beau est l'agréable, car on dit très bien, et en toute raison, une saveur et une odeur agréable. D'un autre côté, l'expérience nous démontre également que la beauté ne se mesure pas à l'agrément. Certains plaisirs de l'odorat et du goût ébranlent plus la sensibilité que les plus grandes beautés de la nature et de l'art ; c'est que la fin de celles-ci n'est point de flatter les sens. Et même parmi les perceptions de l'ouïe et de la vue, ce ne sont pas toujours les plus vives qui excitent en nous l'idée de la beauté. Des tableaux d'un coloris médiocre, ceux de notre admirable Lesueur, par exemple, ne nous émeuvent-ils pas plus profondément que telles œuvres éblouissantes, plus séduisantes aux yeux, moins touchantes à l'âme ? Je dis plus ; non seulement la sensation ne produit pas l'idée du Beau, mais quelquefois elle l'étouffe. Qu'un artiste se complaise dans la reproduction de formes voluptueuses ; en agréant aux sens, il trouble, il révolte en nous l'idée chaste et pure de la beauté. L'agréable n'est donc pas la mesure du Beau, puisque dans certaines occasions il l'efface et le fait oublier ; il n'est donc pas le Beau, puisqu'il se trouve, et au plus haut degré, où le Beau n'est pas.

(Victor Cousin, *Cours de l'Histoire de la philosophie*, 1<sup>re</sup> partie, t. II, p. 124.)

# NOTE C.

## I.

## *LE BEAU PARFAIT.*

Après avoir parcouru dans l'ordre convenable
tous les degrés du Beau, on parvient enfin à cette
beauté merveilleuse, celle, ô Socrate, qui était le
but de tous les travaux antérieurs : beauté éternelle, incréée et impérissable, exempte d'accroissement et de diminution ; beauté qui n'est point
belle en cette partie et laide en telle autre, belle
seulement en tel temps et non en tel autre, belle
sous un rapport et laide sous un autre, belle en
tel lieu et laide en tel autre, belle pour ceux-ci et
laide pour ceux-là ; beauté qui n'a rien de sensible,
comme un visage, des mains, ni rien de corporel ;
qui n'est pas tel discours ou tel science ; qui ne
réside pas dans un être différent d'elle-même,
dans un animal, par exemple, ou dans la terre, ou
dans le ciel, ou dans toute autre chose ; mais qui
existe éternellement et absolument par elle-même
et en elle-même ; de laquelle participent toutes
les autres beautés, sans que leur naissance ou leur
destruction lui apporte la moindre diminution ou
le moindre accroissement, ni la modifie en quoi

que ce soit. Le droit chemin de l'amour, qu'on le suive de soi-même ou qu'on y soit guidé par un autre, c'est de commencer par les beautés d'ici-bas et de s'élever jusqu'à la beauté suprême, en passant, pour ainsi dire, par tous les degrés de l'échelle : d'un seul beau corps à deux, de deux à tous les autres ; des beaux corps aux belles occupations, des belles occupations aux belles sciences, jusqu'à ce que de science en science on parvienne à la science par excellence, qui n'est autre que la science du Beau lui-même, et qu'on finisse par le connaître tel qu'il est en soi (1). O mon cher Socrate, poursuivit l'étrangère de Mantinée, que penser d'un mortel à qui il serait donné de contempler la beauté pure, simple, sans mélange, non revêtue de chair et de couleurs humaines et de toutes les autres vanités périssables, mais la beauté divine elle-même ?

(*Le Banquet*, traduction du P. Grou, de la Compagnie de Jésus.)

(1) Cela n'est réalisable qu'au ciel, où nous verrons Dieu, non plus comme en un miroir et en énigme, dit saint Paul ; mais *face à face et tel qu'il est.*

## II.

### LA BEAUTÉ DE DIEU RÉVÉLÉE PAR LES CRÉATURES.

Le ciel et la terre et tout ce qu'ils contiennent me disent, ô mon Dieu, qu'il faut que je vous aime. Et ils ne cessent de le dire aux hommes, « afin qu'ils demeurent sans excuse (1) ». Mais le langage de votre miséricorde est plus intérieur « en celui dont vous daignez avoir pitié, et à qui il vous plaît de faire grâce (2) » ; autrement, le ciel et la terre racontent vos louanges à des sourds.

Qu'aimé-je donc en vous aimant ? Ce n'est point la beauté selon l'étendue, ni la gloire selon le temps, ni l'éclat de cette lumière amie de nos yeux, ni les douces mélodies du chant, ni la suavité des fleurs et des parfums, ni la manne et le miel, ni les autres délices des sens.

Ce n'est pas là ce que j'aime en aimant mon Dieu ; et pourtant j'aime une lumière, une mélodie, une odeur, un aliment, un plaisir, en aimant mon Dieu : lumière, mélodie, odeur, aliment, plaisir, suivant l'homme intérieur ; lumière, harmonie,

1. Rom., I, 20. — 2. *Ibid.*, IX, 15.

senteur, saveur, amour de l'âme, qui défient les limites de l'étendue, et les mesures du temps, et le souffle des vents, et la dent de la faim, et le dégoût de la jouissance.

Voilà ce que j'aime en aimant Dieu. Et qu'est-ce enfin ? J'ai interrogé la terre, et elle m'a dit : « Ce n'est pas moi ». Et tout ce qu'elle porte m'a fait même aveu. J'ai interrogé la mer et les abîmes, et les êtres animés qui glissent sous les eaux, et ils ont répondu : « Nous ne sommes pas ton Dieu ; cherche au-dessus de nous ». J'ai interrogé l'air que je respire, et l'air avec ses habitants m'a dit de toutes parts : « Anaximène se trompe : je ne suis pas Dieu (1) ». J'interroge le ciel, le soleil, la lune, les étoiles, et ils me répondent : « Nous ne sommes pas non plus le Dieu que tu cherches ». Et je dis enfin à tous les objets qui se pressent aux portes de mes sens : « Parlez-moi de mon Dieu, puisque vous n'êtes pas lui ; dites-moi de lui quelque chose ». Et ils me crient d'une voix éclatante : « C'est lui qui nous a faits (2) ».

(1) Anaximène, philosophe grec, né à Milet, environ 55o ans avant Jésus-Christ, prétendait que l'air est le premier principe de toutes choses. *Anaximenes aera Deum statuit, esseque immensum et infinitum.* (Cicéron, *De natura deorum*, l. I, c. 10.)

(2) Ps. XCIX.

La voix seule de mon désir interrogeait les créatures, et leur seule beauté était leur réponse. Et je me retournai vers moi-même, et je me suis dit : « Et toi, qu'es-tu ? Et j'ai répondu : « Homme ». Et deux êtres sont sous mon obéissance : l'un extérieur, le corps ; l'autre en moi est caché. Auquel devais-je plutôt demander mon Dieu, vainement cherché, à travers le voile de mon corps, depuis la terre jusqu'au ciel, aussi loin que je puisse lancer en émissaires les rayons de mes yeux ?

Il valait mieux consulter l'être intérieur. Car tous les envoyés du corps s'adressaient au tribunal de ce juge secret des réponses du ciel et de la terre et des créatures qui s'écrient : « Nous ne sommes pas Dieu, mais son ouvrage ». L'homme intérieur se sert de l'autre comme instrument de sa connaissance externe ; moi, cet homme intérieur, moi, esprit, j'ai cette connaissance par le sens corporel.

J'ai demandé mon Dieu à l'univers, et il m'a répondu : « Je ne suis pas Dieu, je suis son œuvre ». Mais l'univers n'offre-t-il pas même apparence à quiconque jouit de l'intégrité de ses sens ? Pourquoi donc ne tient-il pas à tous même langage ? Animaux grands et petits le voient, sans pouvoir l'interroger, en l'absence d'une raison maîtresse qui préside aux rapports des sens. Les hommes ont ce pouvoir, « afin que les grandeurs invisibles de Dieu soient aperçues par l'intelligence de ses ouvrages ». Mais ils cèdent à l'amour des créatures et, devenus leurs esclaves, ils ne peuvent plus être leurs juges.

(Saint Augustin, *Confessions*, trad. par L. Moreau, l. x, n. 6.)

## NOTE D.

### *DE LA GRACE.*

La grâce diffère peu de la beauté ; elle se compose en grande partie des mêmes éléments. L'idée de la grâce appartient au maintien et au mouvement, lesquels, pour être gracieux, ne doivent offrir aucune apparence de raideur ; ils exigent, au contraire, une légère inflexion du corps, et un arrangement des parties tel qu'elles ne s'embarrassent pas les unes les autres, et qu'elles ne paraissent pas divisées par des angles aigus et saillants. C'est dans cette rondeur, cette délicatesse d'attitude et de mouvement que consiste toute la magie de la grâce, et ce je ne sais quoi, si délicieux et si vague à la fois, qu'on n'a pu le faire sentir que par l'aveu de l'impuissance de l'exprimer.

(C. Burke, *Recherche philosophique sur l'origine de nos idées du beau*, etc., traduction française, p. 215.)

———

## NOTE E.

### *DE LA BEAUTÉ DE LA NATURE.*

La nature est belle pour tous, mais tous ne la connaissent pas également; à mesure que nous pénétrons plus profondément dans le secret de ses harmonies et de ses lois, de nouvelles beautés se dévoilent à notre vue, et notre admiration suit la même progression que nos découvertes.

Ainsi l'anatomiste aperçoit dans le corps humain des beautés de mécanisme et de prévoyance qui sont à jamais voilées aux regards de l'ignorant.

Ainsi, quoique la voûte des cieux resplendisse de beauté pour l'œil du vulgaire, ce spectacle magnifique n'est rien auprès de celui qui est réservé à l'astronome. Les cieux, à qui connaît la hiérarchie et la distance des corps qui s'y meuvent, les périodes de leurs révolutions, les orbites qu'ils

décrivent dans l'espace, les lois simples qui gou-
vernent leurs mouvements, qui règlent leurs pro-
grès et leurs retours, qui déterminent leurs éclipses, leurs occultations, leurs passages ; les cieux,
dis-je, déploient une beauté, un ordre, une harmonie qui ravissent son intelligence. Les éclipses
du soleil et de la lune, et la queue flamboyante
des comètes qui frappent de terreur les nations
barbares, ne sont pour son œil que des effets sublimes, où il se plaît à reconnaître l'invariable
accomplissement des lois de l'univers.

Dans chacun de ses ouvrages la nature dérobe
à notre ignorance des beautés sans nombre, que
des êtres plus heureusement doués aperçoivent
sans doute en partie ; mais celui qui créa le
monde, et qui, après l'avoir créé, jugea que son
ouvrage était bon, est le seul à qui il ne puisse en
échapper aucune.

(Œuvres complètes de Thomas Reid, publiées par Jouf
    froy, tome v, p. 283 et 284.)

## NOTE F.

*MARIE, TYPE DE LA BEAUTÉ.*

Sainte comme le Christ qui a pris en elle notre nature afin de la régénérer, elle est la femme selon l'esprit. Telle qu'une fleur aérienne, elle flotte au milieu d'une limpide lumière qui semble en la révélant la voiler encore. Un parfum exquis d'innocence s'exhale d'elle et l'enveloppe comme un vêtement. Sur son front serein et où cependant apparaît déjà le germe d'une douleur immense pressentie et pleinement acceptée, sur ses lèvres qui sourient à l'Enfant divin, dans son regard virginal et maternel, dans la pureté de ses traits pleins d'une grâce céleste, on reconnaît tout ensemble et la simple naïveté de la fille des hommes, et l'auguste grandeur et l'ineffable sainteté de celle en qui le Verbe éternel s'est incarné pour le salut du monde. Voilà la femme selon le christianisme, la seconde Ève réparatrice de l'humanité ruinée par la première ; et lorsqu'après une vie cachée on la revoit au pied de la croix sur laquelle se consomme le volontaire sacrifice de son Fils, lorsqu'elle est là défaillante sous le poids de ses inénarrables angoisses, et toutefois recevant de la main du Père le calice d'amertume et l'épuisant jusqu'à la lie, sans proférer une plainte : quelle distance de la mère du Christ à l'antique Niobé !

(*De l'art et du beau,* par Lamennais, p. 99 et 100.)

## NOTE G.

### *L'ART N'EST PAS SEULEMENT L'IMITATION DE LA NATURE.*

Sans doute, en un sens, l'art est une imitation ; car la création absolue n'appartient qu'à Dieu. Où le genie peut-il prendre les éléments sur lesquels il travaille, sinon dans la nature dont il fait partie ? Mais se borne-t-il à les reproduire exactement, tels que la nature les lui fournit, sans y rien ajouter qui lui appartienne ? L'art n'est-il que le copiste de la réalité ? Si cela était, il ne resterait à l'art d'autre mérite que celui de la fidélité de la copie. Mais quel travail plus stérile que de calquer des œuvres essentiellement inimitables par la vie dont elles sont douées, pour en tirer un si-

mulacre médiocre? Si l'art n'est qu'un écolier
servile, il se condamne lui-même à n'être qu'un
écolier impuissant.

Le véritable artiste sent et admire profondément la nature, mais tout dans la nature n'est pas
également admirable. Elle a quelque chose par
quoi elle surpasse infiniment l'art, c'est la vie.
Hors de là, l'art peut à son tour surpasser la nature, à la condition de ne pas chercher à la reproduire. Tout objet naturel, si beau qu'il soit, est
défectueux par quelque côté. Tout ce qui est réel
est imparfait. Ici, l'horrible et le hideux s'unissent au sublime ; là, l'élégance et la grâce sont sé-
parées de la grandeur et de la force. Les traits de
la beauté sont épars et divisés. Les réunir, em-
prunter à tel visage une bouche, à tel autre des
yeux, sans une règle qui préside à ce choix et di-
rige ces emprunts, c'est composer des monstres;
admettre une règle, c'est admettre déjà un idéal
différent de tous les individus. C'est cet idéal que
le véritable artiste se forme, en étudiant la nature.
Sans elle, il n'eût jamais conçu cet idéal; mais
avec cet idéal, il la juge elle-même; il la rectifie,
et il ose entreprendre de se mesurer avec elle.

L'idéal est l'objet de la contemplation passion-
née de l'artiste. Assidûment et silencieusement

médité, sans cesse épuré par la réflexion et vivifié par le sentiment, il échauffe le génie et lui inspire l'irrésistible besoin de le voir réalisé et vivant.

Pour cela, le génie prend dans la nature tous les matériaux qui le peuvent servir, et, leur appliquant sa main puissante, comme Michel-Ange imprimait son ciseau sur le marbre docile, il en tire ces œuvres qui n'ont pas de modèle dans la nature, qui n'imitent pas autre chose que l'idéal rêvé ou conçu, qui sont en quelque sorte une seconde création inférieure à la première par l'individualité et la vie, mais bien supérieure par la beauté intellectuelle et morale dont elles sont empreintes.

(V. Cousin, *Cours d'histoire de la philosophie moderne,* tome II, page 174.)

## NOTE H.

### *L'EXPRESSION.*

L'idéal est le principe, la source, l'essence, si l'on veut, de toute beauté; mais tant qu'il n'a pas revêtu une forme, il n'appartient pas à la beauté proprement dite. La beauté, comme le dit

3*

Plotin, est bien l'idée et l'essence, mais l'idée dans
son épanouissement, l'essence dans sa fleur. Le
beau n'est pas simple comme le vrai; il implique
deux termes et deux rapports : où manque l'idéal,
il n'y a qu'une forme sans expression; où manque le réel, il n'y a qu'une essence invisible
et insaisissable. Quant au rapport (entre l'idéal et
le réel, entre l'idée et son expression), ce n'est pas
un élément de la beauté, c'est la beauté même.
Toute forme du monde physique, toute individualité du monde moral a *son idée*. Pourquoi est-
elle belle, laide ou indifférente? C'est ce que
l'instinct du beau ne découvre pas toujours, mais
ce qui n'échappe jamais à l'intelligence.

(Franck, *Dictionnaire de philosophie*, au mot IMAGINA-
TION.)

----

# NOTE I.

## *CLASSIFICATION DES BEAUX-ARTS.*

Des cinq sens qui ont été donnés à l'homme,
trois, le goût, l'odorat et le toucher, sont incapables de faire naître en nous le sentiment de la

beauté. Joints aux deux autres, ils peuvent contribuer à étendre ce sentiment ; mais, seuls et par eux-mêmes, ils ne peuvent le produire. Le goût juge de l'agréable et non du beau. Nul sens ne s'allie moins à l'âme et n'est plus au service du corps ; il flatte, il sert le plus grossier de tous les maîtres, l'estomac. Si l'odorat semble quelquefois participer au sentiment du beau, c'est que l'odeur s'exhale d'un objet qui est déjà beau par lui-même, et qui est beau par un autre endroit. Ainsi la rose est belle par ses contours gracieux, par l'éclat varié de ses couleurs ; son odeur est agréable, elle n'est pas belle. Enfin ce n'est pas le toucher seul qui juge de la régularité des formes, c'est le toucher éclairé par la vue.

Il ne reste donc que deux sens auxquels tout le monde s'accorde à reconnaître le privilège d'exciter en nous l'idée et le sentiment du beau.

Ils semblent plus particulièrement au service de l'âme. Les sensations qu'ils donnent ont quelque chose de plus pur, de plus intellectuel. Ils sont moins indispensables à la conservation matérielle de l'individu.

Ils contribuent à l'embellissement plutôt qu'au soutien de la vie. Ils nous procurent des plaisirs où notre personne semble moins intéressée et s'oublie davantage. C'est donc à la vue et à l'ouïe que l'art doit s'adresser et qu'il s'adresse pour pénétrer jusqu'à l'âme. De là la division des arts en deux grandes classes, arts de l'ouïe, arts de la vue : d'un côté la musique et la poésie ; de l'autre la peinture avec la gravure, la sculpture, l'archi-tecture, l'art des jardins.

(V. Cousin, *Cours de l'histoire de la philosophie*, tome II, page 189. Édit. de 1846.)

## NOTE J.

### *COUP D'ŒIL HISTORIQUE SUR L'ARCHITECTURE.*

L'Architecture est, jusqu'à un certain point, l'ex-pression du génie particulier et de la civilisation d'un peuple.

I. Celle de l'Egypte et de l'Assyrie antique a pour caractère la solidité et la grandeur colossale. Celle des Indiens offre le même type ; les monu-ments qu'elle a bâtis se font d'ailleurs remarquer par le luxe des figures allégoriques. L'architecture chinoise, invariable depuis des siècles, est reconnaissable à ses toits relevés en pointe, semblables aux tentes légères qui lui ont servi de modèle.

II. L'*architecture grecque* atteignit son apogée au siècle de Périclès (399-429 avant Jésus-Christ). Elle admet trois *ordres* dont chacun est constitué par l'arrangement des diverses parties saillantes, et spécialement par la colonne.

Ces trois ordres classiques sont :

Le *dorique :* colonnes cannelées sans base ; chapiteau orné d'une grande moulure en forme de coupe : frise coupée de trygliphes (γλυφι, rainure profonde et verticale). — Le Parthénon d'Athènes.

L'*ionique :* emploi de la base ; chapiteau orné de grandes volutes (enroulement en spirales) ; frise continue; corniche décorée de moulures d'un galbe fin.

Le *corinthien :* forme plus élégante encore ; chapiteau décoré de feuilles d'acanthe ; frise ornée de feuilles enroulées.

III. *Architecture romaine.* — Les Romains empruntèrent aux Grecs leurs trois ordres et y ajoutèrent :

Le *toscan,* héritage des Etrusques : analogue au dorique, mais sans ornement ;

Le *composite,* combinaison de l'ionique et du

corinthien (Arc de Titus et Thermes de Dioclétien
à Rome).

L'architecture romaine atteignit son apogée
sous Auguste.

IV. *Architecture du moyen âge.* — Les plus
belles œuvres appartiennent à l'architecture
religieuse. Elle comprend plusieurs *styles*. Pour
en comprendre la filiation et en distinguer les
caractères, il faut les diviser en deux systèmes.

A. *Style byzantin.* — Né du mélange de l'art
gréco-romain avec l'art de l'Orient, le Byzantin,
comme son nom l'indique, a pour berceau By-
sance (Constantinople). Il a pour type *Sainte-
Sophie*, église changée en mosquée.

Le plan d'une église byzantine est carré, circulaire ou polygonal. La nef principale forme une
croix grecque. Une ou plusieurs coupoles, dont
la principale occupe le centre de la croix, surmon-
tent les nefs. Les colonnes ont des chapiteaux de
forme cubique. L'arcade remplace l'architrave ou
entablement. La façade postérieure a une, deux
ou trois absides ; la façade antérieure a un porche
allongé.

Le Byzantin, modifié par les Arabes, devint
l'architecture *Sarrasine* en Espagne, remarquable
par ses *arabesques*. Il gagna l'Illyrie, l'Italie

(Saint-Marc de Venise), les bords du Rhin, la France (Saint-Front à Périgueux), l'Angleterre et la Russie, qui le conserve encore.

B. *Style latin.*

1. Le type primitif de l'église chrétienne en Occident, ce fut LA BASILIQUE romaine, vaste salle rectangulaire, beaucoup plus longue que large, divisée en plusieurs galeries par des rangs de colonnes, précédée d'un portique et terminée au fond par un hémicycle.

Cet édifice public était primitivement destiné à l'exercice de la justice ou aux transactions commerciales. Les chrétiens construisirent d'abord leurs temples sur ce plan.

2. L'alliance du style latin et du style bysantin fut l'origine de l'architecture ROMANO-BYSANTINE. Ses caractères sont la multiplication des *arcades ;* l'emploi des *voûtes* avec nervures en pierre et de piliers ornés de colonnes engagées ; l'orientation de la nef qui, avec le transept, représente une croix latine ; le prolongement du chœur et des galeries au delà de la croix ; l'adjonction de chapelles autour du sanctuaire, enfin *les clochers*, devenus partie essentielle de la façade ordinairement très simple. Souvent une crypte s'ouvre sous le chœur.

On distingue le romano-bysantin :

*Primordial* (400-1000). Saint-Jean, à Poitiers.

*Secondaire* (1000-1100). Notre-Dame et
Saint-Hilaire, à Poitiers.

*Tertiaire* ou de transition (1100-1200). Saint-
Maurice d'Angers. — Apparition de l'ogive.

3. Le *style ogival*, nommé improprement style
gothique, a pour caractère principal le remplace-
ment du plein cintre par l'ogive (1), qui permit de
donner aux édifices des formes plus variées, plus
gracieuses et plus légères, et d'atteindre cet effet
ascensionnel que recherchaient surtout les artistes
chrétiens.

Le style ogival se divise en :

*Style à lancettes* (1200-1300). — Notre-
Dame de Paris.

*Style rayonnant* (1300-1400). — Saint-Julien
de Tours, le transept.

*Style flamboyant* (1400-1500). — Cathédrale
de Rouen.

4. A partir du XVIᵉ siècle et du mouvement de
la Renaissance, l'art redevient grec, l'architecture

(1) L'ogive (augive, du latin *augere* ?..) est proprement
la nervure qui marque les arêtes de l'arc aigu, et par extension l'arc lui-même.

chrétienne est dédaigneusement traitée de *Gothique*.
De nos jours elle a reconquis l'estime qu'elle
mérite (1).

---

## NOTE K.

On voit reparaître dans la musique cet ordre
ternaire que nous avons découvert partout : dans
la ligne, dans le solide, dans la couleur. — Variété dans l'unité !

Et ce même ordre mystérieux se retrouve dans
la nature entière, ainsi que l'observe Bossuet :
« Le mouvement droit, dit-il, et l'oblique, et le
circulaire sont des mouvements divers entre eux,
mais qui n'ont qu'une seule et même substance,
et cent circulations successives d'un même corps
ne sont au fond que ce même corps agité en cercle. Et tout cela est distinct et un ... »

Et un peu plus loin : « Je suis un peintre,
un sculpteur, un architecte ; j'ai mon *art*, j'ai

---

(1) Voyez Viollet-le-Duc, *Entretiens sur l'architecture.* —
Bourrassé, *Archéologie chrétienne.* — *Dictionnaire des
sciences et des arts* de Bouillet.

mon dessein ou mon *idée ;* j'ai le choix et la préférence que je donne à cette idée par un *amour*
particulier... Et tout cela ne fait de moi qu'un
seul peintre, un seul sculpteur, un seul architecte ; et tout cela se tient ensemble, est insépara-
blement uni dans mon esprit ; et tout cela dans
le fond, c'est mon esprit même... On ne peut dire
ce qui est plus beau : l'*art*, qui est comme le père,
n'est pas plus beau que l'*idée*, qui est le fils de l'esprit, et l'*amour*, qui nous fait aimer cette belle
production, est aussi beau qu'elle ; par leur relation mutuelle chacune a la beauté des trois ».

Et enfin : « Une Trinité que Dieu a faite dans nos
âmes (1) nous représente la Trinité incréée, que
lui seul pouvait nous révéler ; et pour nous la
faire mieux représenter, il a mêlé dans nos âmes
qui la représentent quelque chose d'incompréhen-
sible ».

Ainsi la beauté infinie du Dieu véritable, du
Dieu unique en trois personnes, rayonne à travers des ténèbres qui ne se dissiperont qu'au ciel,

---

(1) Substance, intelligence, volonté : être, entendre, vouloir. — *Vellem ut hæc tria cogitarent homines in seipsis.
Dico autem hæc tria :* ESSE, NOSSE, VELLE. *In his igitur tri-
bus quam inseparabilis vita, et una vita, et una mens, et una
essentia !* (Saint Augustin, *Confessions*, liv. XIII, c. 11.)

« non seulement dans tous les ouvrages de la nature, mais encore dans moi-même plus que dans tout le reste (1) », non seulement dans la création véritable qui est l'œuvre de Dieu, mais dans cette ombre de création qui est l'œuvre de l'Art.

## NOTE L.

### I.

#### *LES MUSICIENS LOUÉS PAR LA BIBLE.*

Laudemus viros gloriosos... Multam gloriam fecit Dominus magnificentia sua à sæculo...

Homines magni virtute et prudentia sua præditi, nuntiantes in prophetis dignitatem prophetarum...

In peritia sua requirentes modos musicos, et narrantes carmina scripturarum.

Homines divites in virtute, *pulchritudinis studium habentes.* (Livre de l'Ecclésiastique, ch. 44.)

(1) Bossuet, *Elévations sur les mystères,* 2ᵉ semaine. Elév. 6 et 7.)

## II.

## *ÉLOGE DE LA MUSIQUE PAR PLATON.*

La musique est la partie principale de l'édu-
action, parce que le nombre et l'harmonie s'insi-
nuant de bonne heure dans l'âme s'en emparent et
y font entrer à leur suite la grâce et le beau, lorsqu'on donne cette partie de l'éducation comme il
convient de la donner, au lieu que le contraire
arrive quand on la néglige. Et encore parce qu'un
jeune homme élevé comme il faut dans la musique saisira avec la dernière justesse ce qu'il y a de
défectueux et d'imparfait dans les ouvrages de la
nature et de l'art et en éprouvera une impression
juste et pénible, et que par cela même il louera
avec transport ce qu'il remarquera de beau, lui
donnera entrée dans son âme et se formera par là
à la vertu ; tandis que, d'un autre côté, il aura un
mépris et une aversion naturelle pour ce qu'il
trouvera de vicieux, et cela dès l'âge le plus tendre,
avant que d'être éclairé des lumières de la raison,
qui ne sera pas plus tôt venue, qu'il s'attache à
elle par le rapport secret que la musique aura mis
par avance entre la raison et lui. Voilà, à mon avis,

les avantages qu'on se propose en élevant les enfants dans la musique.

(*République,* l. III.)

## III.

### *L'ORCHESTRE ANTIQUE.*

Vides quam multorum vocibus cantus constet ; unus tamen ex omnibus sonus redditur. Aliqua illis acuta vox est, aliqua gravis, aliqua media. Accedunt viris feminæ, interponuntur tibiæ : singulorum illic latent voces ; omnium apparent.

De choro dico quem veteres philosophi noverant : in commissionibus nostris (1) plus cantorum est quam in theatris olim spectatorum fuit. Cum omnes vias ordo canentium implevit, et cavea (2) æneatoribus (3) cincta est, et ex pulpito omne tibiarum genus (4), organorumque consonuit, fit concentus ex dissonis. (Sénèque, *lettre 84.)*

La musique, en effet, de tant de sons différents, parfois discordants, fait une harmonie prodigieusement unie, comme dit Horace dans sa Poétique : *rem prodigialiter unam.*

(1) Dans nos concerts.
(2) L'amphithéàtre.
(3) Les cuivres.
(4) Les bois placés sur l'estrade.

IV.

## PARALLÈLE DE LA MUSIQUE ET
## DE LA PEINTURE.

Que voyons-nous dans la plus belle peinture ? Uniquement la surface du corps, un visage,
des yeux, des couleurs fixées et inanimées, quelques airs au plus qui semblent vouloir parler.
La musique nous découvre jusqu'au fond de
l'âme : ses agitations par des sons rapides, ses
combats par des sons contraires, son calme par
des sons tranquilles et uniformes. La peinture ne
peut offrir à nos yeux que des objets immobiles,
des objets tout au plus dans l'attitude du mouvement; c'est toute la vie qu'elle peut donner à ses
tableaux. La musique peint le mouvement, même
avec ses divers degrés d'accélération ou de retar-
dement, tel que son sujet le demande et tel qu'il
lui plaît. Nous ne voyons dans un tableau qu'une
action momentanée, souvent la moindre action de
l'action totale dont le peintre nous veut rappeler
le souvenir. Un seul air de musique nous la
rappelle tout entière, son commencement, son
milieu, sa fin. Il faudrait vingt tableaux pour
renfermer ce que renferme la moindre de nos

cantates ou de nos sonates. Que la peinture vous représente une bataille, vous la croyez voir. C'est le plus grand éloge qu'on en puisse faire. Que la musique entreprenne de vous la représenter dans un concert de voix et d'instruments, vous croyez y être. On entend sonner la marche des deux armées, battre la charge, bruire les armes, retentir les coups qui s'entrechoquent, les cris triomphants des vainqueurs, les tons plaintifs des vaincus ; il semble que notre cœur soit le champ de bataille où se livre le combat. .

Rien de plus admirable dans la peinture que la perspective qui, sur une surface plate, nous fait apercevoir des enfoncements et des lointains qui semblent fuir à perte de vue. Mais, dans le vrai, il faut que l'imagination lui prête beaucoup pour la croire bien éloignée, malgré le témoignage des yeux qui nous assure le contraire. La musique a des lointains qui paraissent plus réels. Après un coup d'archet unanime de vingt concertants, elle nous fait entendre leurs échos dans un éloigne- ment qui trompe l'oreille à coup sûr : un aveugle jurerait qu'il entend deux concerts qui se répon- dent à une distance très considérable....

Or, avec tous ses avantages, est-il surprenant que le beau musical ait des grâces plus sublimes

et plus délicates, plus fortes et plus tendres que
celui de tous les autres arts ?

(P. André, de la Compagnie de Jésus, *Essai sur le Beau.*
Ed. V. Cousin, 4ᵉ discours, p. 94.)

## NOTE M.

### DE LA POÉSIE COMPARÉE AUX AUTRES ARTS.

D'abord, en vertu de son caractère de spiritualité,
la poésie est affranchie de tout contact avec la matière pesante. Elle n'a pas à la façonner et à la
coordonner pour en former un édifice qui rappelle
l'esprit par ses formes symboliques, comme le fait
l'architecture ; ou, comme la sculpture, à tirer des
trois dimensions de l'étendue une figure naturelle
qui soit l'image de l'esprit. Elle exprime immédiatement l'esprit pour l'esprit lui-même, avec
toutes les conceptions de l'imagination et de l'art;
et cela, sans les manifester visiblement et corpo-
rellement aux regards sensibles.

Si on la compare, en effet, à la peinture, elle
conserve aussi, quand cela est nécessaire, l'avantage de peindre la pensée et de mettre les objets

sous nos yeux. Elle possède divers moyens de rendre entièrement visible l'image qui ne réside que dans l'esprit. Toutefois, comme cette image, l'élément principal où se meut la poésie, est, en effet, d'une valeur spirituelle, et par conséquent porte le caractère général des représentations de la pensée, elle est incapable d'atteindre à la précision des formes déterminées de l'objet réellement visible. D'un autre côté, dans la poésie, les différents traits qn'elle décrit pour nous rendre sensible la forme réelle des objets ne sont pas juxtaposés comme dans la peinture, de manière à former un seul et même tableau qui pose devant nous et nous offre simultanément tout un ensemble de détails. Ces traits sont séparés, et cette multiplicité ne s'offre que d'une manière successive.

Mais ce désavantage qu'offre la poésie vis-à-vis de la peinture, du côté de la réalité sensible et de la précision des formes extérieures, se convertit en un avantage incalculable. Car, par là même, elle se dérobe aux limites étroites dans lesquelles est enfermée la peinture, attachée à un espace déterminé et plus encore au moment déterminé d'une situation ou d'une action. Elle acquiert le privilège de représenter un sujet à la

fois dans toute sa profondeur intime et dans toute
l'étendue de son développement temporel. Le
vrai n'est pas une abstraction ; tout sujet véritable
est concret en ce sens qu'il renferme en soi un
ensemble de parties et d'éléments essentiels. Or,
ceux-ci ne se manifestent pas seulement d'une
manière simultanée comme juxtaposition dans
l'espace, ils se développent comme succession dans
le temps. Mais, cette succession historique, la peinture ne peut en offrir le cours que d'une manière
très imparfaite. Déjà chaque brin d'herbe, chaque
arbre a, dans ce sens, son histoire, et offre une
série complète de changements et d'états différents. Ceci est bien plus vrai encore dans le domaine de l'esprit, qui ne se manifeste réellement
et ne peut être représenté complètement que dans
un pareil développement de situations successives.

Quant à la musique, la poésie, comme nous
l'avons vu, a de commun avec elle le son qui est
leur élément physique. La matière proprement
dite, dans le sens grossier du terme, s'efface pro-
gressivement à mesure que l'on avance dans la
série des arts particuliers ; elle finit par s'absorber
dans l'élément immatériel du son qui se dérobe
à l'étendue visible et permet à l'âme de le saisir

immédiatement dans sa nature intime. Mais, pour
la musique, façonner le son en lui-même est le
but essentiel. Car, quoique, dans le chant, dans
la mélodie et ses combinaisons harmoniques, la
musique révèle à l'âme le sens intime des choses
ou ses propres secrets, ce n'est pas toujours la
pensée comme telle, mais le sentiment intime-
ment lié au son, qui est son objet. Le développement de cette expression musicale constitue le
caractère propre de la musique. Cela est si vrai
que plus la musique s'absorbe dans la pure mélodie des sons, et se dégage de la pensée formulée
par le texte, plus elle est la musique et un art in-
dépendant. Mais, par là même aussi, elle n'est
capable que d'une manière relative d'embrasser
la multiplicité des conceptions et des idées de
l'esprit ; le vaste et riche domaine de l'imagination lui échappe. Elle se borne à exprimer les
traits généraux du sujet qu'elle traite et le sentiment avec son caractère vague et indéterminé. Or,
plus l'esprit sent le besoin d'abandonner cette
abstraite généralité pour se représenter des conceptions, des motifs, des actions, des événements,
pour s'en former un tableau détaillé et artistement
combiné dans toutes ses parties, plus il doit aussi
renoncer à cette simple concentration de l'âme

dans le sentiment intime, créer un monde qui se meuve dans la sphère propre de l'imagination. Mais dès lors il doit également renoncer à exprimer la richesse de ses conceptions entièrement, exclusivement par l'harmonie des sons.

De même que les matériaux de la sculpture sont trop pauvres pour pouvoir représenter en soi tous les objets que la peinture a pour mission d'évoquer à la vie, de même aussi les rapports des sons et l'expression mélodique ne sont plus capables de réaliser parfaitement les conceptions de l'imagination. L'esprit, par conséquent, se retire du *son* comme tel et se manifeste par des *mots*, qui, sans abandonner complètement l'harmonie des sons, se réduisent à être de simples signes extérieurs destinés à transmettre la pensée. En effet, par ce seul fait de s'empreindre d'une idée, le son devient parole, et, de but qu'il était pour lui-même, un simple moyen subordonné à la pensée qu'il exprime.

(Hegel, *Système des beaux-arts*. — Traduction de M. Bénard, t. II, p. 130 et suiv.)

# NOTE N.

## *LE TEMPLE CHRÉTIEN.*

### SYNTHÈSE DES ARTS.

Le temple chrétien représente la création dans son état présent et dans ses rapports avec l'état, les lois et les futures destinées de l'homme. Symbole de la divine architectonique, le corps de l'édifice semble, ainsi que le modèle dont il reproduit le type idéal, se dilater indéfiniment, et, sous ces voûtes élevées qui s'arrondissent comme celle des cieux, il exprime, par ses fortes ombres et la tristesse de ses demi-jours, la défaillance de l'univers obscurci depuis sa chute. Une douleur mystérieuse vous saisit au seuil de cette sombre enceinte, où la crainte, l'espérance, la vie, la mort, exaltées de toute part, forment, par leur mélange indéfinissable, une sorte d'atmosphère silencieuse, qui calme, assoupit les sens, et à travers laquelle se révèle, enveloppé d'une lueur vague, le monde invisible. Une secrète puissance vous attire vers le point où convergent les longues nefs, là où réside voilé le Dieu rédempteur de l'homme et réparateur de la création, et d'où émane la vertu plastique

3<sup>me</sup>

qui imprime au temple sa forme. Dans ses axes
croisés il offre l'image de l'instrument du salut universel ; au-dessus, celle de l'arche, unique asile aux
jours du déluge, des espérances du genre humain,
et emblème toujours vrai du pénible voyage de
l'homme sur les flots de la vie. Les courbures
ogivales des arceaux, les flèches qui de partout
s'élancent dans l'espace sans bornes, le mouvement d'ascension de chaque partie du temple et du
temple entier, exprime aux yeux l'aspiration
naturelle, éternelle, de la créature vers Dieu, son
principe et son terme.

Tel est le commencement de l'Art, sa manifestation première dans ses relations avec l'idée chrétienne. Il élève une demeure à Dieu sur le modèle
de celle que Dieu s'est faite lui-même, et Dieu
remplit de soi le temple, image symbolique de
la création, comme il remplit de soi l'univers.
Tous les arts sortiront de cet art initial par un
développement semblable à celui de la création
même.

Le temple a aussi sa végétation ; ses murs se
couvrent de plantes variées ; elles serpentent en
guirlandes le long des corniches et des plinthes,
s'épanouissent dans les ouvertures laissées à la
lumière, se glissent sur les nervures des cintres,

embrassent, comme le lierre des forêts, les formes
sveltes des pyramides semblables à des pointes de
rocher, et montent avec elles dans les airs, tandis
que le tronc des colonnettes pressées en faisceau
se couronne de fleurs et de feuillage. La pierre
s'anime de plus en plus; des multitudes d'êtres
vivants se produisent au sein de cette magnifique
création que l'homme vient compléter et qu'il
résume dans sa noble image.

La sculpture, on le voit, n'est que le développement immédiat de l'architecture. Elle procède
d'elle naturellement, organiquement pour ainsi
dire. Qu'est-elle, en effet, d'abord? quelque chose
d'inachevé, d'embryonnaire, un simple relief qui,
croissant peu à peu selon les lois de sa forme, se
détache enfin du milieu où il a pris naissance,
comme l'être organisé, après avoir acquis les conditions de sa vie propre, se détache des entrailles
maternelles.

Mais la sculpture ne reproduit qu'imparfaitement les merveilleuses richesses de l'œuvre de
Dieu. Elle ne saurait rendre les effets variés de la
perspective, de la lumière et des couleurs, ni ras-
sembler sous un seul point de vue, en un cadre
étroit, les objets si divers que la nature offre à nos
regards dans leur harmonieux ensemble, et les

scènes compliquées de la vie. De là une nouvelle
branche de l'art, la peinture. Et voyez comme son
développement s'enchaîne à ceux qui ont précédé,
n'en est que l'extension, le complément. Ces voûtes grises et ternes, le ciel du temple, prennent une
teinte azurée, les reliefs se colorent. A ce premier
moment, la peinture, encore absorbée dans la plastique, commence à peine à naître. Son enfantement
s'achève, elle vit maintenant d'une vie distincte,
et cette vie est dans l'art ce qu'est dans l'univers
celle qui développe les êtres innombrables en qui
la forme se manifeste dans son infinie variété, la
puissante vertu qui réalise au sein du monde phé-
noménal les essences éternelles en les revêtant
d'une enveloppe sensible. Il n'est rien, en effet,
que la peinture ne représente à la vue ; elle achève,
sous ce rapport, la création du temple, reproduction humaine de l'œuvre divin ; et, en reproduisant la forme extérieure des êtres, elle reproduit
encore ce qu'il y a de plus intime en eux, l'esprit
qui les anime, les sentiments, les idées mêmes,
dans leur manifestation relative au sens destiné à
percevoir la lumière. La lumière elle-même se
colore de mille nuances diverses, en pénétrant à
l'intérieur de l'immense édifice, à travers des fleurs
transparentes dont elle projette au loin les reflets ;

et cette lumière tout à la fois idéale et réelle, vague splendeur d'un astre mystérieux, prête aux formes, dont le temple est peuplé, une expression indéfinissable.

Mais ces formes créées par l'art ne se meuvent pas. Ce temple n'offre pas encore une complète réalisation de son type, l'univers, car dans l'univers nul repos, tout y est en mouvement, et ce mouvement, réglé par des lois constantes, manifeste sous un autre aspect l'ordre, l'harmonie, la variété dans l'unité, et l'éternel développement de l'être. Or la puissance de l'homme a des bornes infranchissables. Il ne saurait transmettre à ses œuvres la vie dont la source n'est pas en lui, souffler sur la pierre et l'animer. Que fera-t-il donc pour exprimer sa conception des choses dans leur rapport avec le mouvement, pour la ramener dans la sphère de l'art ?

Ici commence pour l'art une autre série de développements en rapport avec l'ouïe et le son, comme les premiers sont en rapport avec la vue et la lumière, ceux-ci plus extérieurs, ceux-là plus intimes, plus rapprochés des opérations pures de l'esprit. A mesure que les êtres s'élèvent, la forme que l'œil perçoit exprime moins leur nature. Un autre moyen devient nécessaire pour la manifester,

et si l'univers était muet, ce que l'univers contient
de plus parfait resterait enseveli dans des ténèbres
éternelles. Mais la création a une voix qui se spécifie dans chaque ordre d'êtres, et dans chaque être
individuel. Et puisque le temple exprime la création ou en est l'image, la reproduction plastique, le
temple aussi a sa voix qui, se modifiant par de
successifs degrés, comme celle de la création,
donne naissance à des arts divers, issus d'une com-
mune racine.

Cette racine, en ce qui touche l'élément sensible
de l'art, est le son ou la voix universelle en qui
rien ne s'est encore individualisé. Reportez-vous
par la pensée au fond des vastes solitudes du
nouveau monde, de ses forêts, de ses savanes tra-
versées par des fleuves sans nom, de ses montagnes
d'où se précipitent d'impétueux torrents, du pied
desquelles s'échappent d'innombrables ruisseaux,
qui lentement coulent sur un lit de mousse, ou s'é-
panchent en nappes sur les prairies de la vallée,
et prêtez l'oreille. De tout cela il s'élève une voix
formée de mille voix : de la voix des grandes eaux
et de celles des sources qui tombent goutte à goutte
des rochers ; de la voix des vents qui bruissent dans
la cime des arbres et murmurent dans l'herbe, de
la foudre qui déchire les nuées ; de la voix des

myriades d'êtres vivants qui pullulent au sein de ce monde primitif. Cette voix est la voix de la nature, indistincte, confuse, mais majestueuse, solennelle, .immense, pleine de mystère et de vagues émotions.

Des profondeurs du temple sort pareillement une voix qui monte dans les airs et se propage au loin. Solennelle aussi, mystérieuse, et comme l'écho d'un monde invisible, elle remue les secrètes puissances de l'homme, elle éveille en lui toute une vie interne, assoupie jusqu'alors. Qui, dans la campagne, vers le soir, à l'heure ou s'éteignent les feux du couchant, où la nuit étend ses ailes sombres sur les bois, les prés, les buissons, les eaux, pour abriter le sommeil des pauvres créatures fatiguées ; qui, à cette heure de calme et de silence, quand vient à soupirer la cloche du hameau, ne se sent pas comme emporté en des régions inconnues, aériennes, peuplées de formes indécises, de pensées rêveuses et de pressentiments infinis ?

Cette voix, correspondante à la voix de la nature, se spécifie comme elle, s'individualise en chacun des éléments divers qu'elle contient virtuellement, se développe pour manifester la variété dans l'unité. Tous les autres arts dérivés du son se produi

sent, s'engendrent l'un l'autre, à mesure qu'achève
de se réaliser la création humaine. Pénétrez au
dedans du temple : un mystère de vie va s'y
accomplir...

Tout à coup, dans le lointain, apparaît un
point lumineux, puis un autre, puis un autre encore ; vous commencez à discerner les masses de
l'édifice, les murs pareils aux flancs d'une montagne escarpée, les fortes arêtes des angles, les courbures des arcs, les énormes pendentifs. La lumière augmente : sur ces masses, qu'unissent des
lignes harmonieuses, se montrent les plantes, les
animaux, les formes innombrables des êtres sortis
de leurs entrailles inépuisablement fécondes.
Eclatants de mille couleurs dont les reflets se
croisent et se mélangent, ils portent à vos sens
comme une révélation de la vie, et les suaves va-
peurs qui parfument l'atmosphère en accroissent
encore l'impression. Lorsque, au milieu de ce
monde naissant, vibre soudain la voix tour à tour
majestueuse, douce, sévère de l'orgue, qu'elle
remplit de ses accords indéfiniment variés les voûtes frémissantes , ne dirait-on pas la voix de
tous ces êtres dont la création vient de s'opérer
sous vos yeux ? Mais leur langage indéterminé
ne parle qu'à ce qui sent, et non pas à ce qui

pense. Tel est le caractère de l'art musical.

Au degré de développement où nous venons de le considérer, le temple, incomplet encore, n'a point achevé son évolution. Symbole de l'univers, il le représente et tout ce qu'il renferme, sous les conditions de l'art, à l'exception de l'homme, en ce que sa nature a de plus intime et de plus parfait. Qu'à la voix des êtres inférieurs il mêle sa voix, sa parole, son verbe, sublime manifestation de l'intelligence qui le distingue d'eux, aussitôt toute cette création s'agrandit, se dilate, resplendit d'une lumière nouvelle, s'anime d'une nouvelle vie. Un lien plus étroit unit les deux mondes : le monde des phénomènes et le monde idéal.

En mariant sa voix à la voix des êtres inférieurs, qui, du sein du temple, monte vers les cieux comme l'hymne universel de la création, l'homme, en effet, exprime sa conception du temple même et du Dieu qui l'habite. Il dit en ses chants ce qu'est ce Dieu, il dit quels sont les liens qui l'unissent à ses créatures, les lois de celles-ci, le but final de leur existence. Il attire à soi, il anime de soi, de sa pensée, de son amour, tout cet univers qu'il domine et résume. Point de concours des deux mondes, du monde intellectuel et du monde des sens, la poésie donc en est l'harmonie, elle est l'art même parvenu à son plus haut terme; car, en même temps que l'idée s'y montre sans voile, dans sa primitive splendeur, elle peint à l'esprit, elle déploie à ses regards les vives images des corps, elle reproduit les formes, les couleurs, rendues visibles intérieurement, et tout ensemble, à l'aide de l'élément sonore du langage, elle touche, elle émeut par ses ravissantes mélodies.

(*De l'Art et du Beau*, par F. de Lammenais.)

# ERRATA.

---

Page 32, ligne 12, au lieu de : l'un et l'*aure*, lisez : l'un et l'*autre*.

Page 50, ligne 4, au lieu de : le *modèle*, lisez le *modelé*.

Page 59, ligne 1*o*, au lieu de : forces *essen-: tielle*, lisez : forces *essentielles*.

POITIERS. — IMP. OUDIN.

Original en couleur

NF Z 43-120-8